Е.Н. Барышникова, О.С. За

ЧИТАЕМ ЧЕХОВА —

говорим по-русски

Учебное пособие по чтению для иностранцев, изучающих русский язык

Допущено Учебно-методическим объединением по направлениям педагогического образования в качестве учебного пособия по направлению 050100 Педагогическое образование

B2

МОСКВА

2013

УДК 811.161.1
ББК 81.2 Рус-96
Б24

Рецензенты:

Л.Г. Золотых — д-р филол. наук, профессор, зав. кафедрой современного русского языка Астраханского государственного университета;
И.И. Баранова — канд. филол. наук, доцент, зав. кафедрой русского языка Института международных образовательных программ Санкт-Петербургского государственного политехнического университета.

Барышникова, Е.Н.
Б24 **Читаем Чехова — говорим по-русски.** Учебное пособие по чтению для иностранцев, изучающих русский язык / Е.Н. Барышникова, О.С. Завьялова. — М.: Русский язык. Курсы, 2013. — 136 с.

ISBN 978-5-88337-304-5

Цель пособия — познакомить иностранных учащихся с произведениями А.П. Чехова и на их материале активизировать прежде всего навыки чтения и в некоторой степени навыки говорения и письма.

Художественные тексты отобраны с учётом наиболее важных этических и социальных проблем, созвучных современной действительности. Все рассказы снабжены страноведческими и лингвистическими комментариями.

Пособие предназначено для иностранцев, которые изучают русский язык как в вузах России, так и на родине и интересуются русской литературой и культурой. Содержание пособия соответствует II сертификационному уровню (B2) владения русским языком как иностранным.

Учебное издание

Барышникова Елена Николаевна; Завьялова Ольга Сергеевна

Читаем Чехова — говорим по-русски
Учебное пособие по чтению для иностранцев, изучающих русский язык

Редактор: *Н.Н. Сутягина*; корректор: *В.К. Ячковская*; вёрстка: *Е.П. Бреславская*
Подписано в печать 10.12.12. Формат 70×90/16. Объём 8,5 п. л. Тираж 1000 экз. Зак 585.

Издательство ЗАО «Русский язык». Курсы
125047, Москва, 1-я Тверская-Ямская ул., д. 18
Тел./факс: +7(499) 251-08-45, тел.: +7(499) 250-48-68
e-mail: rkursy@gmail.com; ruskursy@gmail.com; russky_yazyk@mail.ru; ruskursy@mail.ru; www.rus-lang.ru

СОДЕРЖАНИЕ

Методические указания для преподавателя и студентов 4

Часть 1. **Шуточка** 11

Часть 2. **Дама с собачкой** 24

Часть 3. **Цветы запоздалые** 54

Часть 4. **Тоска** 81

Часть 5. **Драма на охоте** 98

Часть 6. **Послесловие** 127

МЕТОДИЧЕСКИЕ УКАЗАНИЯ ДЛЯ ПРЕПОДАВАТЕЛЯ И СТУДЕНТОВ

1. Методические указания для преподавателя

Обозначим **цели пособия**:

а) развитие навыков и умений во всех четырёх видах речевой деятельности — чтении, говорении, письме и аудировании;

б) введение и активизация лексико-грамматического материала (особое внимание уделяется лексическим единицам и синтаксическим конструкциям, которые характерны для книжного стиля);

в) знакомство учащихся с жизнью и творчеством А.П. Чехова.

В центре каждой части пособия — художественный текст: рассказы и повести А.П. Чехова «Шуточка», «Дама с собачкой», «Цветы запоздалые», «Тоска», «Драма на охоте». Произведения А.П. Чехова были выбраны авторами пособия не случайно. Темы его произведений вечны, а эмоциональное раскрытие этих тем позволяет увидеть богатство русского языка. Тексты А.П. Чехова до настоящего времени являются эталоном хорошего русского языка, носителем его лексико-грамматической базы и семантического разнообразия.

В работе над художественными текстами предполагается использование аудио- и видеоматериалов (прослушивание аудиозаписей рассказов или просмотр фильмов, созданных по мотивам упомянутых повестей А.П. Чехова). Просмотр фильма включается в работу для облегчения восприятия и понимания художественного произведения. Такой вид работы может быть использован на усмотрение преподавателя целесообразно учебному процессу.

Каждая часть пособия является самостоятельным фрагментом, что позволяет преподавателю творчески подойти к выбору материала. В то же время последовательно изученный в полном объёме материал пособия позволяет приобрести устойчивые навыки книжной речи, научиться различать разговорную и книжную речь.

В работе с материалом пособия предлагается сочетание аудиторных занятий (включающих языковую и речевую работу) и самостоятельной работы учащихся с текстом художественного произведения. Этому способствуют новые информационные технологии, которые предоставляют нам возможность свободно обратиться к аудиокниге, фильму, интернет-ресурсам.

В соответствии с заявленными целями пособия объектом контроля является прежде всего *продуктивная*, устная и письменная, речевая деятельность учащегося. В качестве основной формы контроля выступает сочинение (письменное высказывание), содержащее анализ ключевых идей обсуждаемого произведения с опорой на актуализированный в процессе работы над текстом лексико-грамматический материал. Также особое внимание должно уделяться устным текстам, которые учащиеся продуцируют в ходе выполнения послетекстовых заданий (участие в дискуссии, аргументация высказанного мнения и т. д.).

Ставя целью прежде всего обучение языку (изучение языка студентами), авторы пособия обращаются к тексту, при формулировке же послетекстовых заданий следуют одному из методологических принципов исследования в современной лингвистике — *принципу текстоцентризма*, а также опираются на важнейший постулат коммуникативной грамматики о трёхмерности (значение, форма, функция) синтаксической единицы, поскольку:

1) узнать о свойствах языковых единиц, о законах языка возможно, только изучая коммуникацию, то есть то, как язык реализуется в речи, во множестве текстов, порождаемых людьми (в том числе и в произведениях художественной литературы);

2) сама «конструкция» языка обусловливает его использование. Нельзя описать языковую единицу, не показав, как она будет служить коммуникации, какова её функция в коммуникации и почему она такова.

Именно поэтому послетекстовые задания, которые предлагаются студентам, предполагают не только узнавание формы, не только понимание значения, но и осознание функции рассматриваемой синтаксической единицы в тексте, её места в системе.

Так, в число заданий к начальному фрагменту рассказа А.П. Чехова «Дама с собачкой»* включено следующее:

---

* При изучении каждого произведения студентам предлагается после первого (самостоятельного) прочтения текста и/или его прослушивания прочитать текст по фрагментам и проанализировать каждый из них на занятии совместно с преподавателем. Каждый фрагмент сопровождается заданиями.

❧ Методические указания для преподавателя и студентов

Охарактеризуйте жену Гурова. Как Гуров относился к жене? Как вы думаете, любил ли Гуров когда-нибудь свою жену? Аргументируйте ваше мнение.

Задача преподавателя (при выполнении большой части заданий) — добиться «лингвистической» аргументации высказанной учащимися точки зрения. Например, отвечая на вопрос: «Почему Гуров не любил жену?» — рассмотреть со студентами предложение: *Его женили рано (1), когда он был ещё студентом второго курса, ...* Необходимо соотнести модель с переходным глаголом с моделью, организованной возвратным глаголом:

Его женили рано. — Он женился рано

и далее установить различную синтаксическую функцию местоимения, называющего главного героя (объект — субъект). Анализ этих двух моделей, выявление системных различий между конструкциями с возвратным и переходным глаголом позволяют объяснить причины нелюбви главного героя к жене с опорой на необходимые языковые средства.

При этом преподавателю рекомендуется акцентировать внимание учащихся на том, как формируется чеховский подтекст: именно с помощью таких, в том числе и грамматических «штрихов», складывается образ героя — его пассивность, стремление подчиняться обстоятельствам, неспособность к решительным действиям.

Послетекстовые задания направлены на то, чтобы показать (помочь учащимся обнаружить) соотнесённость стратегии и тактики текста, то есть соотнесённость замысла, идеи, языковых и речевых средств, которые служат их реализации. Например, при обсуждении рассказа «Шуточка» студентам предлагается проанализировать и объяснить употребление разных форм одного имени собственного в рассказе (*Надя, Надежда Петровна, Наденька*). Этот анализ позволяет приблизиться к пониманию авторского замысла, идеи рассказа.

В пособии заданиям, направленным на развитие устной речи учащихся, в особенности устной книжной речи, отводится значительное место. Эти задания предполагают следующие виды работы: умение высказать точку зрения, принять участие в дискуссии по обсуждаемой проблеме с опорой на представленный в различной форме лексико-грамматический материал.

Чтобы мотивировать студентов к участию в коммуникации, сформировать у них потребность к речевому действию, следует перевести учебную цель занятий в задачу общения учащихся с преподавателем и между собой на основе личностно-значимой для учащегося деятельности*. Это требование обусловило характер послетекстовых заданий к чеховским произведениям, направленных на развитие навыков устной речи. Для обсуждения отобраны проблемные ситуации, которые вызывают у студентов личностное отношение, благодаря чему повышается заинтересованность в обмене мнениями, в выражении и аргументации собственной точки зрения. При этом особое внимание в пособии уделено таким проблемным ситуациям, при обсуждении которых необходимы:

а) определённый уровень сформированности социально-культурной компетенций (прежде всего в области психологии**);

б) актуальные для гуманитарных специальностей лексические и грамматические единицы, требующиеся для реализации коммуникативного намерения.

В пособии предлагается рассмотреть проблемы взаимоотношения людей в браке («Дама с собачкой»), одиночества («Тоска»), браков по расчёту («Драма на охоте»), психологические аспекты браков людей с разным социальным статусом («Цветы запоздалые») и т. д.

Для того чтобы дать обучаемым средства для конструирования собственных устных текстов, в пособие введены дополнительные текстовые материалы, отражающие особенности естественной русской устной речи, прежде всего устной нормированной литературно-книжной речи.

Отличительной особенностью устной нормированной литературно-книжной речи является сочетание разговорных и книжно-письменных средств. Необходимость использования книжно-письменных средств продиктована темой, а разговорных — устным характером осуществления***. Обучение литературно-книжной устной речи требует тщательного и продуманного подхода к подбору текстового материала, который бы учитывал все её лингвистические и экстралингвистические особенности. Для решения этой задачи авторы пособия обращаются, в частности, к текстам, принадлежащим такому жанру интернет-коммуникации, как форум. Материалы форума на общегуманитарную

---

* *Азимов Э.Л., Щукин А.Н.* Словарь методических терминов (теория и практика преподавания языков). — URL: http://slovari.gramota.ru/portal_sl.html|?d=azimov&|=k.

** Бо́льшая часть учебных программ для гуманитарных специальностей предполагает изучение основ психологии в том или ином объёме, то есть в социокультурном аспекте.

***Современная русская устная научная речь / Под ред. О.А. Лаптевой. — Красноярск, 1985.

❖ Методические указания для преподавателя и студентов

тему могут в какой-то мере считаться записью литературно-книжной устной речи (диалога / полилога): они сближаются с литературно-книжной устной речью по таким признакам, как соединение средств различных функциональных стилей, адресованность, непринуждённость и т. д. Опосредованный характер коммуникации в форуме часто «не замечается» участниками, в особенности когда все они находятся on-line и имеют возможность сразу же отвечать собеседнику. Текст форума даёт реальную речевую ситуацию, а также пример употребления лексических и грамматических единиц в непринуждённой речи при обсуждении актуальной темы. Чтобы осуществить свои коммуникативные намерения, студентам необходимо обратиться к этим языковым средствам, что позволяет смоделировать устный монолог, не подменяя его репродукцией письменного текста. Таким образом, тексты интернет-форумов могут служить средством обучения устной речи, в частности литературно-книжной устной речи. Перспективы использования этого нового средства обучения показаны в пособии.

Пособие имеет кольцевую композицию. Открывается оно отрывком из статьи Д.С. Мережковского об ощущении, переживании читателем чеховского текста*. Задания в заключительной части пособия (*Послесловие*) направлены на то, чтобы перейти от ощущения, переживания к осмыслению и обобщению. В текст пособия введены отрывки из книги «Чехов в воспоминаниях современников», из книги К.С. Станиславского «Моя жизнь в искусстве», из газетных статей о жизни и творчестве А.П. Чехова с целью познакомить учащихся с фактами биографии А.П. Чехова, с оценкой его личности и творчества современниками и людьми, отметившими 150-летний юбилей писателя. Итоговое задание предполагает написание сочинения «Мой Чехов» по предложенному плану.

2. Методические указания для студентов

Вы начинаете работу с пособием, которое называется «Читаем Чехова: говорим по-русски». Для чего мы написали это пособие? Зачем мы рекомендуем его?

Обозначим **цели пособия**.

Работая с пособием:

---

* *Мережковский Д.С.* О причинах упадка и о новых течениях современной русской литературы // Л. Толстой и Ф. Достоевский. Вечные спутники. — М., 1995.

✓ **вы будете продолжать изучать русский язык, а также теорию языка и практику речи.**

На определённом этапе изучения русского языка как иностранного вам иногда кажется, что вы знаете русский язык, что на занятиях уже нет ничего нового. Виды и времена глагола, падежи существительных и т. д. — всё это уже известно и понятно. Однако это не так. Важно не только уметь правильно образовать форму, но и знать, каковы её функции в речи, чтобы глубоко, а не поверхностно понимать тексты на русском языке. Узнать о функциях грамматических форм в речи можно, только изучая речь, то есть тексты — устные или письменные. Это значит, что необходимо читать произведения художественной литературы — тексты, написанные людьми, которые знают и чувствуют русский язык, умеют им пользоваться намного лучше, чем обычные носители языка.

Читая рассказы и фрагменты повестей А.П. Чехова, вы будете вместе с преподавателем анализировать грамматику текста, объяснять выбор грамматических форм, их функции в тексте, чтобы понять подтекст — внутренний, скрытый смысл текста, который понятен лишь тем, кто хорошо владеет русским языком;

✓ **вы научитесь выражать своё мнение на русском языке в устной и письменной форме по проблемным вопросам.**

Вы уже многое умеете. Но вам нужно двигаться дальше. Знакомиться с новыми словами, новыми синтаксическими конструкциями, новыми приёмами организации текста. Задача этого пособия — помочь вам освоить особую стилевую подсистему языка: литературно-книжную устную и письменную речь.

Поясним, какие тексты мы хотим научить вас создавать. Для этого приведём пример. Вас просят описать характер героя. Можно сказать так: *Он добрый и хороший человек, он помогает людям. Он всегда говорит то, что думает.* А можно сказать так: *(2) Он способен к состраданию и сочувствию. Ему присуща прямота в высказываниях.*

Предложения, которые отмечены цифрой (2), принадлежат к книжному стилю речи, который, как и всякий другой функциональный стиль, обладает своими лексическими и грамматическими особенностями. Именно подобного рода слова и конструкции нужно будет вспомнить (а возможно, и открыть для себя) при создании ваших собственных — устных и письменных — текстов. В ходе обсуждения рассказов А.П. Чехова вам будет предложено высказать вашу точку зрения, принять участие в дискуссии по обсуждаемой проблеме,

❧ Методические указания для преподавателя и студентов

написать сочинение (письменное высказывание) с опорой на представленный в различной форме новый для вас лексико-грамматический материал;

✓ **вы познакомитесь с жизнью и творчеством великого русского писателя А.П. Чехова.**

Пособие начинается с отрывка из статьи известного литературного критика Д.С. Мережковского об ощущении, переживании читателем чеховского текста*. Задания в заключительной части пособия (*Послесловие*) направлены на то, чтобы перейти от ощущения, переживания к осмыслению и обобщению. Вы прочитаете отрывки из книги «Чехов в воспоминаниях современников», из книги великого русского режиссёра, педагога, основоположника современной науки о театре К.С. Станиславского «Моя жизнь в искусстве», из газетных статей о жизни и творчестве А.П. Чехова, чтобы познакомиться с фактами биографии А.П. Чехова, с оценкой его личности и творчества современниками и людьми, отметившими 150-летний юбилей писателя. В итоговом задании вам предлагается написать сочинение «Мой Чехов».

Желаем интересной и успешной работы!

Авторы

Условные сокращения

перен. — переносное значение

прост. — просторечное

устар. — устарелое

англ. — английское

нем. — немецкое

франц. — французское

см. — смотри

ж. р. — женский род

м. р. — мужской род

мн. ч. — множественное число

В. п. — винительный падеж

Р. п. — родительный падеж

1-е л. — первое лицо

прил. — прилагательное

сущ. — существительное

Условные обозначения

! — итоговое задание

 — факультативное задание

---

* *Мережковский Д.С.* О причинах упадка и о новых течениях современной русской литературы // Л. Толстой и Ф. Достоевский. Вечные спутники. — М., 1995.

Часть 1
ШУТОЧКА

В этой части пособия вы познакомитесь
с отрывком из статьи русского критика
Д.С. Мережковского о творчестве А.П. Чехова
и рассказом писателя «Шуточка».

Задание 1. а) Прочитайте небольшой отрывок из статьи русского критика *Д.С. Мережковского* (1865–1941), который посвящён творчеству А.П. Чехова.

б) Ответьте на вопрос: как Мережковский называет рассказы Чехова? Подумайте и скажите, почему Мережковский именно так называет рассказы Чехова.

(1) Иногда взбираешься по скучной петербургской лестнице куда-нибудь на пятый этаж: чувствуешь себя раздражённым уродливыми и глупыми житейскими мелочами. И вдруг, на повороте, из притворённых дверей чужой квартиры раздадутся звуки фортепьяно. И Бог знает, почему именно в это мгновение, как никогда раньше, волны музыки сразу охватят душу. Всё кругом **озаряется*** как будто сильным и неожиданным светом. И понимаешь, что никаких огорчений, никаких житейских забот нет и не было, что всё это призрак, а есть только одно в мире важное и необходимое — то, о чём случайно напомнили эти звуки музыки <...>.

---
* **озари́ться** — осветиться, заполниться светом.

(2) Так действуют маленькие **поэмы*** Чехова. Поэтический порыв медленно налетает, охватывает душу, вырывает её из жизни и так же мгновенно уносится. В неожиданности заключительного аккорда, в краткости — вся тайна не определимого никакими словами музыкального очарования. Читатель не успел **опомниться****. Он не может сказать, какая тут идея, насколько полезно или вредно это чувство. Но в душе остаётся *свежесть*. **Словно***** в комнату внесли букет живых цветов, или только что вы видели улыбку на милом женском лице...

в) Перечитайте первый фрагмент (1). Ответьте на вопросы.

1. Как можно описать эмоциональное состояние человека, который «взбирается по скучной петербургской лестнице»?
2. Каким этот человек становится, когда неожиданно для себя слышит звуки музыки?
3. Как вы думаете, зачем Мережковскому потребовалось рассказать об этих чувствах / ощущениях?

г) Перечитайте второй фрагмент (2). Выполните задания.

1. Перечитайте второе предложение: *Поэтический* **порыв** *медленно* **налетает**, *охватывает душу, вырывает её из жизни и так же мгновенно* **уносится**. С чем сравнивает Мережковский рассказы Чехова? Попробуйте предположить почему.
2. Прочитайте следующее предложение. С чем ещё критик сравнивает рассказы Чехова? Что Мережковский подразумевает под «*заключительным аккордом*»? Какое эмоциональное состояние у читателя рассказов Чехова?
3. Объясните, как вы понимаете фразу «*но в душе остаётся свежесть*»? Как сам Мережковский объясняет это чувство? С чем он его сравнивает?

Задание 2. Рассказ, который вы прочитаете в этой части пособия, называется «Шуточка».

а) Подумайте и скажите, чем отличается *шуточка* от *шутки*. В каких ситуациях люди *шутят*? (**шутить** — над чем, над кем).

---

*   Мережковский называет рассказы Чехова поэмами;

** **опо́мниться** — прийти в себя, вернуться в обычное, нормальное состояние;

*** **сло́вно** — будто.

б) Предположите, опираясь на название, о чём может быть этот рассказ.

Задание 3. а) Прочитайте самостоятельно рассказ А.П. Чехова «Шуточка». При чтении обращайте внимание на комментарии, данные справа.

ШУТОЧКА

(1) Ясный, зимний полдень... Мороз крепок, трещит, и у Наденьки, которая держит меня под руку, покрываются серебристым инеем кудри на висках и пушок над верхней губой. Мы стоим на высокой горе. От наших ног до самой земли тянется покатая плоскость, в которую солнце глядится, как в зеркало. Возле нас маленькие **санки**, обитые ярко-красным **сукном**.

(2) — Съедемте вниз, Надежда Петровна! — умоляю я. — Один только раз! Уверяю вас, мы останемся целы и невредимы.

Но Наденька боится. Всё пространство от её маленьких калош до конца ледяной горы кажется ей страшной, неизмеримо глубокой пропастью. У неё замирает дух и прерывается дыхание, когда она глядит вниз, когда я только предлагаю сесть в санки, но что же будет, если она рискнёт полететь в **пропасть**! Она умрёт, сойдёт с ума.

— Умоляю вас! — говорю я. — Не надо бояться! Поймите же, это малодушие, трусость!

Наденька наконец уступает, и я по лицу вижу, что она уступает с опасностью для жизни. Я сажаю её, бледную, дрожащую, в санки, обхватываю рукой и вместе с нею **низвергаюсь в бездну**.

(3) Санки **летят как пуля**. Рассекаемый воздух бьёт в лицо, ревёт, свистит в ушах, рвёт, больно щиплет от злости, хочет сорвать с плеч голову. От напора ветра нет сил дышать. Кажется, сам дьявол обхватил нас лапами и с **рёвом** тащит в **ад**. Окружающие предметы сливаются в одну длинную, стре-

са́нки — небольшие сани, зимняя повозка на полозьях

сукно́ — материя, ткань

про́пасть — крутой и глубокий обрыв
низверга́ться — устремляться сверху вниз
бе́здна — то же, что и пропасть, но с оценочным значением 'огромная, без дна'
лете́ть как пу́ля — ехать очень быстро, со скоростью пули
рёв — громкий долгий крик, обычно животного
ад — место, куда попадают души умерших грешников ≠ **рай**

мительно бегущую полосу... Вот-вот еще мгновение, и кажется — мы погибнем!

— Я люблю вас, Надя! — говорю я вполголоса.

(4) Санки начинают бежать всё тише и тише, рёв ветра и **жужжанье** полозьев не так уже страшны, дыхание перестаёт замирать, и мы наконец внизу. Наденька **ни жива ни мертва**. Она бледна, едва дышит... Я помогаю ей подняться.

— Ни за что в другой раз не поеду, — говорит она, глядя на меня широкими, полными ужаса глазами. — Ни за что на свете! Я едва не умерла!

Немного погодя она приходит в себя и уже вопросительно заглядывает мне в глаза: я ли сказал те четыре слова, или же они только послышались ей в шуме **вихря**? А я стою возле неё, курю и внимательно рассматриваю свою перчатку.

Она берёт меня под руку, и мы долго гуляем около горы. **Загадка**, видимо, не даёт ей покою. Были сказаны те слова или нет? Да или нет? Да или нет? Это вопрос самолюбия, чести, жизни, счастья, вопрос очень важный, самый важный на свете. Наденька нетерпеливо, грустно, проникающим взором заглядывает мне в лицо, отвечает **невпопад**, ждёт, не заговорю ли я. О, какая игра на этом милом лице, какая игра! Я вижу: она борется с собой, ей нужно что-то сказать, о чём-то спросить, но она не находит слов, ей неловко, страшно, мешает радость...

— Знаете что? — говорит она, не глядя на меня.

— Что? — спрашиваю я.

— Давайте еще раз... **прокатим**.

Мы взбираемся по лестнице на гору. Опять я сажаю бледную, дрожащую Наденьку в санки, опять мы летим в страшную пропасть, опять ревёт ветер и **жужжат полозья**, и опять при самом сильном и шумном разлёте санок я говорю вполголоса:

— Я люблю вас, Наденька!

жужжа́нье — *сущ.* от звукоподражательного глагола **жужжа́ть**

ни жив(-а́) ни мёртв (мертва́) (*идиома*) — состояние сильного испуга, подавленности, страха

вихрь — сильное круговое движение ветра

зага́дка — что-то непонятное

невпопа́д — не понимая или не слушая вопроса

(про)кати́ть — (про)ехать, (съ)ехать

жужжа́ть (*глагол*) — обозначает звук

по́лоз (*мн. ч.* **поло́зья**) — у санок гладкая, скользящая, загнутая спереди пластина вместо колёс

Когда санки останавливаются, Наденька окидывает взглядом гору, по которой мы только что катили, потом долго всматривается в моё лицо, вслушивается в мой голос, равнодушный и бесстрастный, и вся, вся, даже **муфта и башлык** её, вся её фигурка выражают крайнее **недоумение**. И на лице у неё написано: «В чём же дело? Кто произнёс *те* слова? Он, или мне только послышалось?»

Эта неизвестность беспокоит её, выводит из терпения. Бедная девочка не отвечает на вопросы, хмурится, готова заплакать.

— Не пойти ли нам домой? — спрашиваю я.

— А мне... мне нравится это **катанье**, — говорит она, краснея. — Не проехаться ли нам ещё раз?

Ей «нравится» это катанье, а между тем, садясь в санки, она, как и в те разы, бледна, еле дышит от страха, дрожит.

Мы спускаемся в третий раз, и я вижу, как она смотрит мне в лицо, следит за моими губами. Но я прикладываю к губам платок, кашляю и, когда достигаем середины горы, успеваю вымолвить:

— Я люблю вас, Надя!

И загадка остаётся загадкой! Наденька молчит, о чём-то думает... Я провожаю её **с катка** домой, она старается идти тише, замедляет шаги и всё ждёт, не скажу ли я ей тех слов. И я вижу, как страдает её душа, как она делает усилия над собой, чтобы не сказать:

— Не может же быть, чтоб их говорил ветер! И я не хочу, чтобы это говорил ветер!

(5) На другой день утром я получаю записочку: «Если пойдёте сегодня на каток, то заходите за мной. Н.» И с этого дня я с Наденькой начинаю каждый день ходить на каток и, слетая вниз на санках, я всякий раз произношу вполголоса одни и те же слова:

— Я люблю вас, Надя!

муфта, башлык — зимняя
одежда

недоумение — состояние сомнения из-за невозможности понять, в чём дело

катанье — *сущ.* от глагола
катáться — ехать на чём-
либо

каток — место, где катаются
на коньках

⮜ Шуточка

Скоро Наденька привыкает к этой фразе, как к вину или морфию. Она жить без неё не может. Правда, лететь с горы по-прежнему страшно, но теперь уже страх и опасность придают особое **очарование** словам о любви, словам, которые по-прежнему составляют загадку и томят душу. Подозреваются всё те же двое: я и ветер... Кто из двух признается ей в любви, она не знает, но ей, по-видимому, уже всё равно; из какого сосуда ни пить — всё равно, лишь бы быть пьяным.

очарова́ние — прелесть, притягательная сила кого или чего-либо

(6) Как-то в полдень я отправился на каток один; смешавшись с толпой, я вижу, как к горе подходит Наденька, как ищет глазами меня... Затем она робко идёт вверх по лесенке... Страшно ехать одной, о, как страшно! Она бледна, как снег, дрожит, она идёт точно на казнь, но идёт, идёт без оглядки, решительно. Она, очевидно, решила, наконец, попробовать: будут ли слышны те изумительные сладкие слова, когда меня нет? Я вижу, как она, бледная, с раскрытым от ужаса ртом, садится в санки, закрывает глаза и, простившись **навеки** с землей, трогается с места... «Жжж...» — жужжат полозья. Слышит ли Наденька те слова, я не знаю... Я вижу только, как она поднимается из саней **изнеможенная**, слабая. И видно по её лицу, она и сама не знает, слышала она что-нибудь или нет. Страх, пока она катила вниз, отнял у неё способность слышать, различать звуки, понимать...

наве́ки — навсегда

изнеможённый — совсем без сил

(7) Но вот наступает весенний месяц март... Солнце становится ласковее. Наша **ледяная** гора темнеет, теряет свой блеск и тает наконец. Мы перестаем кататься. Бедной Наденьке больше уж негде слышать тех слов, да и некому произносить их, так как ветра не слышно, а я собираюсь в Петербург — надолго, должно быть, навсегда.

ледяна́я гора́ = гора из льда

(8) Как-то перед отъездом, дня за два, в **сумерки** сижу я в садике, а от двора, в котором живёт Наденька, садик этот отделён высоким забором с гвоздями... Ещё достаточно холодно, под навозом ещё снег, деревья

су́мерки — время между заходом солнца и наступлением полной темноты (ночи) мертвы, но уже пахнет весной и, укладываясь на ночлег, шумно кричат **грачи**. Я подхожу к забору и долго смотрю в щель. Я вижу, как Наденька выходит на крылечко и устремляет печальный, тоскующий взор на небо... Весенний ветер дует ей прямо в бледное, **унылое** лицо... Он напоминает ей о том ветре, который ревел нам тогда на горе, когда она слышала те четыре слова, и лицо у неё становится грустным, грустным, по щеке ползёт слеза... И бедная девочка протягивает обе руки, как бы прося этот ветер принести ей еще раз те слова. И я, дождавшись ветра, говорю вполголоса:

— Я люблю вас, Надя!

Боже мой, что делается с Наденькой! Она вскрикивает, улыбается во всё лицо и протягивает навстречу ветру руки, радостная, счастливая, такая красивая.

А я иду **укладываться**...

(9) Это было уже давно. Теперь Наденька уже замужем; её выдали, или она сама вышла — это всё равно, за **секретаря дворянской опеки**, и теперь у неё уже трое детей. То, как мы вместе когда-то ходили на каток и как ветер доносил до неё слова «Я вас люблю, Наденька», не забыто; для неё теперь это самое счастливое, самое трогательное и прекрасное воспоминание в жизни...

А мне теперь, когда я стал старше, уже непонятно, зачем я говорил те слова, для чего шутил...

грач — большая чёрная птица, прилетает в Россию весной

уны́лый — испытывающий состояние безнадёжной печали

укла́дываться — собирать вещи в дорогу

секрета́рь дворя́нской опе́ки — должность чиновника

б) Если это возможно, прослушайте рассказ А.П. Чехова «Шуточка», используя аудиокнигу. Следите по тексту.

Задание 4. Перечитайте первый фрагмент (1). Ответьте на вопросы, выполните задание.

1. Где происходит действие рассказа? В какое время года?
2. Как автор описывает героиню? Как он её называет? Как вы думаете, почему автор называет девушку *Наденька*, а не *Надя*?
3. Выскажите ваше мнение: как молодой человек относится к Наденьке, что он чувствует? Объясните, почему вы так думаете.

⤸ Шуточка

Задание 5. Перечитайте второй фрагмент (2). Ответьте на вопросы.

1. Почему молодому человеку приходится уговаривать Наденьку съехать с горы?

2. Как автор передаёт состояние Наденьки? Какой кажется вам Наденька в этот момент?

3. Что значит выражение *низвергаюсь в бездну*? Можно ли его заменить синонимичным выражением *еду вниз*? Что, с вашей точки зрения, помогает передать выражение *низвергаюсь в бездну*:
   □ иронию: автор так смеётся над страхом Наденьки?
   □ эмоциональное состояние Наденьки, её страх перед спуском с горы?

Задание 6. Перечитайте третий фрагмент (3). Выполните задания, ответьте на вопросы.

1. Найдите предложения:
   ♦ которые передают то, что видят, слышат Наденька и молодой человек во время спуска с горы. Найдите слова, которые указывают на *скорость*, *шум* и т. д.;
   ♦ в которых автор старается объяснить читателю, на что похожи ощущения героев во время спуска с горы на санках.

2. Что значит слово *вполголоса*? Как вы думаете, хочет ли молодой человек, чтобы Наденька хорошо, ясно слышала его слова, если он говорит их *вполголоса*?

3. Что значит для Наденьки ответ на вопрос: *Кто говорил эти слова: он или ветер?* Найдите в тексте и прочитайте фрагмент, в котором об этом говорится.

4. Выскажите ваше мнение: что значат для любой девушки слова «*я Вас (тебя) люблю*», особенно когда она слышит их в первый раз? Аргументируйте вашу точку зрения.

Задание 7. Перечитайте четвёртый фрагмент (4). Ответьте на вопросы, выполните задания.

1. Изменяется ли состояние Наденьки после первого спуска с горы?
   ♦ Что она чувствует сразу после спуска? Что значит выражение *ни жива ни мертва*? Есть ли в вашем языке похожее выражение? Как вы представляете себе Наденьку в этот момент? Представьте, что вы — режиссёр и снимаете фильм. Что бы вы попросили сделать актрису, которая играет роль Наденьки?

- Что она чувствует, когда проходит некоторое время? Опишите эмоциональное состояние Наденьки в этот момент. Чем можно объяснить это состояние?

2. Как ведёт себя молодой человек? Как вы оцениваете его поведение в этой ситуации? Аргументируйте вашу точку зрения.

3. Зачем Наденька решает съехать с горы ещё раз?

4. Перечитайте фрагмент.

Я провожаю её с катка домой, она старается идти тише, замедляет шаги и всё ждет, не скажу ли я ей тех слов. И я вижу, как страдает её душа, как она делает усилия над собой, чтобы не сказать: «Не может быть, чтобы их говорил ветер! И я не хочу, чтобы их говорил ветер!»

Попробуйте описать чувства Наденьки. Что значат слова *страдает её душа*? Дайте свою оценку: какой вам кажется Наденька:

☐ наивной;

☐ глупой;

☐ доверчивой;

☐ милой;

☐ простодушной;

☐ другой (какой?).

Аргументируйте ваше мнение.

Задание 8. Перечитайте пятый фрагмент (5). Ответьте на вопросы.

1. Как вы понимаете предложение «*Скоро Наденька привыкает к этой фразе, как к вину или морфию*»?

2. Наденьке по-прежнему страшно съезжать с горы? Что она теперь чувствует, кроме страха? Как вы понимаете выражение *томят душу*?

3. Как вы понимаете предложение «*Из какого сосуда ни пить — всё равно, лишь бы быть пьяным*»? Для чего эта фраза нужна автору? Как она характеризует эмоциональное состояние, переживания Наденьки?

Задание 9. Перечитайте шестой фрагмент (6). Ответьте на вопросы, выполните задание.

1. Зачем, по вашему мнению, Наденька решилась съехать с горы одна?

2. Какие чувства вызывает у вас молодой человек? Он кажется вам:

☐ равнодушным;

☐ жестоким;

↜ Шуточка

- [ ] влюблённым;
- [ ] легкомысленным;
- [ ] робким;
- [ ] другим (каким?).

Аргументируйте ваше мнение.

Задание 10. Перечитайте седьмой фрагмент (7). Ответьте на вопросы, выполните задание.

1. Почему Наденька и молодой человек перестали встречаться?
2. Что значило наступление весны для Наденьки? Аргументируйте ваше мнение.

Задание 11. Перечитайте восьмой фрагмент (8). Ответьте на вопросы, выполните задания.

1. В какое время года происходит действие? Как автор описывает весну?
2. Сравните два фрагмента с описанием Наденьки. Обратите внимание на выделенные слова.

> *(а) Я вижу, как Наденька выходит на крылечко и устремляет **печальный, тоскующий взор** на небо… . Весенний ветер дует ей прямо в **бледное, унылое лицо**…. Он напоминает ей о том ветре, который ревел нам тогда на горе, когда она слышала те четыре слова, и **лицо у неё становится грустным, грустным**…. По щеке ползёт слеза. И **бедная** девочка протягивает обе руки, как бы прося этот ветер принести ей ещё раз эти слова.*

> *(б) И я, дождавшись ветра, говорю вполголоса:*
> *— Я люблю вас, Надя!*
> *Боже мой, что делается с Наденькой! Она **вскрикивает, улыбается во всё лицо** и протягивает навстречу ветру руки, **радостная, счастливая, такая красивая**.*

- ♦ Опишите эмоциональное состояние Наденьки до того, как молодой человек сказал «*я люблю вас, Надя!*» и после этих слов.
- ♦ Обратите внимание на то, как молодой человек называет Наденьку, как он её описывает: *бедная девочка, такая **красивая***. Выскажите ваше мнение: как молодой человек относится к Наденьке в этот момент? Каковы его чувства к ней?

- Опишите ваши чувства после того, как вы прочитали эти два фрагмента.

Задание 12. Перечитайте девятый фрагмент (9). Ответьте на вопросы, выполните задания.

1. Как сложилась дальнейшая жизнь Наденьки и молодого человека?
2. Как вспоминает об истории на катке Наденька? Что для неё значила эта история?
3. Перечитайте фрагмент, где рассказчик вспоминает о той зиме.

   А мне теперь, когда я стал старше, уже непонятно, зачем я говорил те слова, для чего шутил...

Что думает об этом эпизоде своей жизни молодой человек?

Выскажите ваше мнение: чем для него была история с Наденькой? Из утверждений, данных ниже, выберите то, которое считаете правильным.

- ☐ Это, как и говорит молодой человек, было просто шуткой. Он так развлекался.
- ☐ Только сейчас этот уже немолодой человек понял, что не он шутил над Наденькой. Это жизнь подшутила над ним. Его слова *«мне теперь, когда я стал старше, уже непонятно, зачем я говорил те слова, для чего шутил...»* надо понимать так: *почему я тогда шутил? почему я не сказал эти слова всерьёз? Почему я не понял тогда, что Наденька — это самая лучшая девушка на земле?*
- ☐ Вспоминая мгновения, когда он летел с Наденькой с горы и говорил ей *«я люблю вас, Надя!»*, этот теперь немолодой человек понимает, что потерял что-то очень важное, может быть, самое главное в своей жизни.
- ☐ У меня другое мнение (какое?).

Аргументируйте свой выбор.

Задание 13. Выскажите вашу точку зрения: кто — Наденька или молодой человек (может быть, они оба) — узнал, что такое счастье? Аргументируйте ваше мнение.

Задание 14. Подумайте и скажите, почему А.П. Чехов выбрал такое название для своего рассказа? Аргументируйте ваше мнение.

Задание 15. Прочитайте три записи, сделанные А.П. Чеховым в его записной книжке. Скажите, какую из них вы выбрали бы в качестве эпиграфа к прочитанному вами рассказу. Аргументируйте свой выбор.

☐ *Для ощущения счастья обыкновенно требуется столько времени, сколько его нужно, чтобы завести часы.*

☐ *Когда любишь, то какое богатство открываешь в себе, сколько нежности, ласковости, что даже не верится, что так умеешь любить!*

☐ *Господи, даже в человеческом счастье есть что-то грустное!*

Задание 16. а) Ещё раз прослушайте рассказ А.П. Чехова «Шуточка», используя аудиокнигу. (Или прочитайте рассказ ещё раз.)

б) Обобщите ваши впечатления от рассказа. Подумайте и скажите: о чём хотел рассказать людям русский писатель А.П. Чехов, когда задумал и написал рассказ «Шуточка»? Из утверждений, данных ниже, выберите то, с которым вы согласны.

☐ Это рассказ о том, что люди не ценят и не берегут счастье, которое им даётся. Когда мы переживаем самые счастливые мгновения нашей жизни, мы этого не осознаём. Мы относимся к нашему счастью как к *шуточке*, которую можно повторить много-много раз. Лишь потом, когда становимся старше, мы начинаем понимать, что мы потеряли, но этих мгновений уже не вернуть и не повторить! И у нас остаются только прекрасные и чуть-чуть грустные воспоминания.

☐ Это рассказ о мимолётности, скоротечности такого внутреннего состояния, как счастье. Счастье — это мгновение! Я согласен (-сна) с А.П. Чеховым, который писал в своей записной книжке: *Для ощущения счастья обыкновенно требуется столько времени, сколько его нужно, чтобы завести часы.*

☐ Это рассказ о том, какой может быть любовь. А ещё это рассказ о том, какими могут быть люди, которые любят. Любовь ведь такая разная! У каждого своя.

☐ У меня другое мнение (какое?).

Подробно аргументируйте свой выбор, используя текст рассказа «Шуточка».

 Задание 17. Выполните задания, данные ниже.

а) Прочитайте ещё раз отрывок из статьи критика Д.С. Мережковского.

Так действуют маленькие поэмы Чехова. Поэтический порыв медленно налетает, охватывает душу, вырывает её из жизни и так же мгновенно уносится. **В неожиданности заключительного аккорда,** *в краткости — вся тайна не определимого никакими словами музыкального очарования. Читатель не успел опомниться. Он не может сказать, какая тут идея, насколько полезно или вредно это чувство. Но в душе остаётся свежесть. Словно в комнату внесли букет живых цветов, или только что вы видели улыбку на милом женском лице...*

б) Прокомментируйте, был ли для вас «заключительный аккорд» — окончание рассказа — неожиданным? Аргументируйте свой ответ.

Согласны ли вы с тем, что *в неожиданности заключительного аккорда, в краткости — вся тайна не определимого никакими словами очарования?* Аргументируйте ваше мнение.

Запишите свои рассуждения в виде плана и на его основе напишите сочинение (письменное высказывание) на тему «Что такое счастье?».

в) Прочитайте и прокомментируйте.

Критик Д.С. Мережковский пишет, что после чтения рассказов А.П. Чехова «*в душе остаётся* **свежесть.** *Словно в комнату внесли букет живых цветов, или только что вы видели улыбку на милом женском лице...*»

Разделяете ли вы это чувство? Какое чувство осталось у вас после того, как вы прочитали рассказ А.П. Чехова «Шуточка»? Опишите это чувство. Придумайте для него сравнение так, как это сделал критик Д.С. Мережковский.

Часть 2

ДАМА С СОБАЧКОЙ

В этой части пособия вы познакомитесь
с рассказом А.П. Чехова «Дама с собачкой».

Задание 1. Рассказ, с которым вы познакомитесь, называется «Дама с собачкой». Предположите, о чём может быть этот рассказ.

Задание 2. Скажите, как вы относитесь к роману между мужчиной и женщиной, когда при этом мужчина женат на другой женщине, а женщина — замужем за другим мужчиной. Аргументируйте вашу точку зрения.

Задание 3. а) Прочитайте самостоятельно рассказ А.П. Чехова «Дама с собачкой». При чтении обращайте внимание на комментарии, данные справа.

ДАМА С СОБАЧКОЙ

I

(1) Говорили, что на набережной появилось новое лицо: дама с собачкой. Дмитрий Дмитрич Гуров, проживший в **Ялте** уже две недели и привыкший тут, тоже стал интересоваться новыми лицами. Сидя в павильоне у Верне, он видел, как по набережной

Ялта — город на Чёрном море

прошла молодая дама, невысокого роста блондинка, **в берете**: за нею бежал белый **шпиц**.

И потом он встречал её в городском саду и на сквере по нескольку раз в день. Она гуляла одна, всё в том же берете, с белым шпицем; никто не знал, кто она, и называли её просто так: дама с собачкой.

«Если она здесь без мужа и без знакомых, — соображал Гуров, — то **было бы не лишнее** познакомиться с ней».

Ему не было еще сорока, но у него была уже дочь двенадцати лет и два сына-гимназиста. Его женили рано, когда он был ещё студентом второго курса, и теперь жена казалась в полтора раза старше его. Это была женщина высокая, с тёмными бровями, прямая, важная, солидная и, как она сама себя называла, мыслящая. Она много читала, не писала в письмах ъ, называла мужа не Дмитрием, а Димитрием, а он **втайне** считал её недалёкой, узкой, неизящной, боялся её и не любил бывать дома. **Изменять** ей он начал уже давно, изменял часто и, вероятно, поэтому о женщинах отзывался почти всегда **дурно**, и когда в его присутствии говорили о них, то он называл их так:

— Низшая раса!

Ему казалось, что он достаточно научен горьким опытом, чтобы называть их как угодно, но всё же без «низшей расы» он не мог бы прожить и двух дней. В обществе мужчин ему было скучно, не по себе, с ними он был неразговорчив, холоден, но когда находился среди женщин, то чувствовал себя свободно и знал, о чём говорить с ними и как держать себя; и даже молчать с ними ему было легко. В его наружности, в характере, во всей его натуре было

бере́т — головной убор

шпиц — порода собак

было́ бы не ли́шнее — надо, нужно

вта́йне — скрывая от других, никому не показывая

изменя́ть (жене) — нарушить верность в любви

ду́рно = плохо

Кадр из фильма «Дама с собачкой»

☙ Дама с собачкой

что-то привлекательное, неуловимое, что располагало к нему женщин, манило их; он знал об этом, и самого его тоже какая-то сила влекла к ним.

Опыт многократный, в самом деле горький опыт, научил его давно, что всякое сближение, которое вначале так приятно разнообразит жизнь и представляется милым и легким приключением, у порядочных людей, особенно у москвичей, тяжёлых на подъём, нерешительных, неизбежно вырастает в целую задачу, сложную чрезвычайно, и положение в конце концов становится тягостным. Но при всякой новой встрече с интересною женщиной этот опыт как-то **ускользал** из памяти, и хотелось жить, и всё казалось так просто и забавно.

ускольза́ть (*из чего?*) = быстро и неожиданно уходить

(2) И вот однажды под вечер он обедал в саду, а дама в берете подходила не спеша, чтобы занять соседний стол. Её выражение, походка, платье, причёска говорили ему, что она из порядочного общества, замужем, в Ялте в первый раз и одна, что ей скучно здесь... В рассказах о нечистоте местных нравов много неправды, он презирал их и знал, что такие рассказы в большинстве сочиняются людьми, которые сами бы охотно грешили, если б умели, но, когда дама села за соседний стол в трёх шагах от него, ему вспомнились эти рассказы о легких победах, о поездках в горы, и соблазнительная мысль о скорой, **мимолётной** связи, о романе с неизвестною женщиной, которой не знаешь по имени и фамилии, вдруг овладела им.

мимолётный — появляющийся на короткое время, быстро исчезающий

Он ласково поманил к себе шпица и, когда тот подошёл, погрозил ему пальцем. Шпиц заворчал. Гуров опять погрозил.

Дама взглянула на него и тотчас же опустила глаза.

— Он не кусается, — сказала она и покраснела.

— Можно дать ему кость? — И когда она утвердительно кивнула головой, он спросил приветливо: — Вы давно изволили приехать в Ялту?

— Дней пять.

— А я уже дотягиваю здесь вторую неделю.

Помолчали немного.

— Время идёт быстро, а между тем здесь такая скука! — сказала она, не глядя на него.

— Это только принято говорить, что здесь скучно. **Обыватель** живёт у себя где-нибудь в **Белёве** или **Жиздре** — и ему не скучно, а приедет сюда: «Ах, скучно! Ах, пыль!» Подумаешь, что он из Гренады приехал.

Она засмеялась. Потом оба продолжали есть молча, как незнакомые; но после обеда пошли рядом — и начался шутливый, легкий разговор людей свободных, довольных, которым всё равно, куда бы ни идти, о чём ни говорить. Они гуляли и говорили о том, как странно освещено море; вода была сиреневого цвета, такого мягкого и теплого, и по ней от луны шла золотая полоса. Говорили о том, как душно после жаркого дня. Гуров рассказал, что он москвич, по образованию филолог, но служит в банке; готовился когда-то петь в частной опере, но бросил, имеет в Москве два дома... А от неё он узнал, что она выросла в Петербурге, но вышла замуж в С., где живёт уже два года, что пробудет она в Ялте ещё с месяц и за ней, быть может, приедет её муж, которому тоже хочется отдохнуть. Она никак не могла объяснить, где служит её муж, — в **губернском** правлении или в **губернской** земской управе, и это ей самой было смешно. И узнал ещё Гуров, что её зовут Анной Сергеевной.

Потом у себя в номере он думал о ней, о том, что завтра она, наверное, встретится с ним. Так должно быть. Ложась спать, он вспомнил, что она ещё так недавно была институткой, училась, всё равно как теперь его дочь, вспомнил, сколько ещё несмелости, **угловатости** было в её смехе, в разговоре с незнакомым, — должно быть, это первый раз в жизни она

обыва́тель — 1) обычный житель маленького города; 2) человек с узкими личными интересами

Белёв, **Жи́здра** —небольшие провинциальные российские города

губе́рнский — от *сущ.* **губе́рния** — регион, область

углова́тость — *сущ.*; **углова́тый** (*прил.*) — неловкий

❧ Дама с собачкой

была одна, в такой обстановке, когда за ней ходят, и на неё смотрят, и говорят с ней только с одною тайною целью, о которой она не может не **догадываться**. Вспомнил он её тонкую, слабую шею, красивые, серые глаза.

дога́дываться — понимать

«Что-то в ней есть жалкое все-таки», — подумал он и стал засыпать.

II

(3) Прошла неделя после знакомства. Был праздничный день. В комнатах было душно, а на улицах вихрем носилась пыль, срывало шляпы. Весь день хотелось пить, и Гуров часто заходил в павильон и предлагал Анне Сергеевне то воды с сиропом, то мороженого. Некуда было деваться.

Вечером, когда немного утихло, они пошли на **мол**, чтобы посмотреть, как придёт пароход. На пристани было много гуляющих; собрались встречать кого-то, держали букеты. И тут отчётливо бросались в глаза две особенности нарядной ялтинской толпы: пожилые дамы были одеты, как молодые, и было много генералов.

мол — узкая полоса суши (земли), далеко уходящая в море

По случаю волнения на море пароход пришёл поздно, когда уже село солнце, и, прежде чем пристать к молу, долго поворачивался. Анна Сергеевна смотрела в **лорнетку** на пароход и на пассажиров, как бы отыскивая знакомых, и когда обращалась к Гурову, то глаза у неё блестели. Она много говорила, и вопросы у неё были отрывисты, и она сама тотчас же забывала, о чём спрашивала; потом потеряла в толпе лорнетку.

лорне́т (лорне́тка) — складные очки на ручке

Нарядная толпа расходилась, уже не было видно лиц, ветер стих совсем, а Гуров и Анна Сергеевна стояли, точно ожидая, не сойдёт ли ещё кто с парохода. Анна Сергеевна уже молчала и нюхала цветы, не глядя на Гурова.

— Погода к вечеру стала получше, — сказал он. — Куда же мы теперь пойдём? Не поехать ли нам куда-нибудь?

Она ничего не ответила.

Тогда он пристально поглядел на неё и вдруг обнял её и поцеловал в губы, и его обдало запахом и влагой цветов, и тотчас же он пугливо огляделся: не видел ли кто?

— Пойдемте к вам... — проговорил он тихо.

И оба пошли быстро.

У неё в номере было душно, пахло духами, которые она купила в японском магазине. Гуров, глядя на неё теперь, думал: «Каких только не бывает в жизни встреч!» От прошлого у него сохранилось воспоминание о беззаботных, добродушных женщинах, весёлых от любви, благодарных ему за счастье, хотя бы очень короткое; и о таких, — как, например, его жена, — которые любили без искренности, с излишними разговорами, манерно, с истерией, с таким выражением, как будто то была не любовь, не страсть, а что-то более значительное; и о таких двух-трёх, очень красивых, холодных, у которых вдруг **промелькало** на лице хищное выражение, упрямое желание взять, выхватить у жизни больше, чем она может дать, и это были не первой молодости, капризные, не рассуждающие, властные, не умные женщины, и когда Гуров охладевал к ним, то красота их возбуждала в нём ненависть и кружева на их белье казались ему тогда похожими на **чешую**.

Но тут всё та же несмелость, угловатость неопытной молодости, неловкое чувство; и было впечатление растерянности, как будто кто вдруг постучал в дверь. Анна Сергеевна, эта «дама с собачкой», к тому, что произошло, отнеслась как-то особенно, очень серьёзно, точно к своему **падению**, — так казалось, и это было странно и некстати. У неё опустились, завяли черты и по сторонам лица печально

промелька́ть / промелькну́ть — появиться на короткое время

чешуя́ — мелкие твёрдые пластинки на теле животных и рыб

паде́ние — *сущ.* от глагола **па́дать / пасть** — потерять прежнее уважение из-за плохого с точки зрения морали поведения

☙ Дама с собачкой

висели длинные волосы, она задумалась в унылой позе, точно **грешница** на старинной картине.

— Нехорошо, — сказала она. — Вы же первый меня не уважаете теперь.

На столе в номере был арбуз. Гуров отрезал себе **ломоть** и стал есть не спеша. Прошло, по крайней мере, полчаса в молчании.

Анна Сергеевна была трогательна, от неё веяло чистотой порядочной, наивной, мало жившей женщины; одинокая свеча, горевшая на столе, едва освещала её лицо, но было видно, что у неё нехорошо на душе.

— Отчего бы я мог перестать уважать тебя? — спросил Гуров. — Ты сама не знаешь, что говоришь.

— Пусть бог меня простит! — сказала она, и глаза у неё наполнились слезами. — Это ужасно.

— Ты точно оправдываешься.

— Чем мне оправдаться? Я дурная, низкая женщина, я себя **презираю** и об оправдании не думаю. Я не мужа обманула, а самое себя. И не сейчас только, а уже давно обманываю. Мой муж, быть может, честный, хороший человек, но ведь он **лакей**! Я не знаю, что он делает там, как служит, а знаю только, что он лакей. Мне, когда я вышла за него, было двадцать лет, меня томило любопытство, мне хотелось чего-нибудь получше; ведь есть же, — говорила я себе, — другая жизнь. Хотелось пожить! Пожить и пожить... Любопытство меня жгло... вы этого не понимаете, но, клянусь богом, я уже не могла владеть собой, со мной что-то делалось, меня нельзя было удержать, я сказала мужу, что больна, и поехала сюда... И здесь всё ходила, как в угаре, как безумная... и вот я стала **пошлой**, **дрянной** женщиной, которую всякий может презирать.

Гурову было уже скучно слушать, его раздражал наивный тон, это **покаяние**, такое неожиданное и

гре́шница — женщина, у которой много грехов; **грех** — нарушение норм морали, плохой поступок

ломо́ть = кусок

презира́ть *кого-то* — не уважать *кого-то*

лаке́й — (*перен.*) человек, который ведёт себя как слуга перед людьми с большими возможностями

по́шлый — низкий с точки зрения морали
дрянно́й — плохой
покая́ние — добровольное признание собственной ошибки

неуместное; если бы не слезы на глазах, то можно было бы подумать, что она шутит или играет роль.

— Я не понимаю, — сказал он тихо, — что же ты хочешь?

Она спрятала лицо у него на груди и прижалась к нему.

— Верьте, верьте мне, умоляю вас... — говорила она. — Я люблю честную, чистую жизнь, а грех мне **гадок**, я сама не знаю, что делаю. Простые люди говорят: **нечистый попутал**. И я могу теперь про себя сказать, что меня попутал нечистый.

— **Полно, полно**... — бормотал он.

Он смотрел ей в неподвижные, испуганные глаза, целовал её, говорил тихо и ласково, и она понемногу успокоилась, и весёлость вернулась к ней; стали оба смеяться.

Потом, когда они вышли, на набережной не было ни души, город со своими кипарисами имел совсем мёртвый вид, но море ещё шумело и билось о берег; один **баркас** качался на волнах, и на нём сонно мерцал фонарик.

Нашли **извозчика** и поехали в Ореанду.

— Я сейчас внизу **в передней** узнал твою фамилию: на доске написано фон Дидериц, — сказал Гуров. — Твой муж немец?

— Нет, у него, кажется, дед был немец, но сам он православный.

В Ореанде сидели на скамье, недалеко от церкви, смотрели вниз на море и молчали. Ялта была едва видна сквозь утренний **туман**, на вершинах гор неподвижно стояли белые облака. Листва не шевелилась на деревьях, кричали цикады, и однообразный, глухой шум моря, доносившийся снизу, говорил о покое, о вечном сне, какой ожидает нас. Так шумело внизу, когда ещё тут не было ни Ялты, ни Ореанды, теперь шумит и будет шуметь так же равнодушно и глухо, когда нас не будет. И в этом

неуме́стный — не соответствующий ситуации

га́дкий — очень плохой, отвратительный

нечи́стый попу́тал (= бес попу́тал) — так говорят, когда человек сам не понимает, как он мог это сделать.

по́лно = хватит; не надо

барка́с = большая лодка

изво́зчик — человек, который имеет лошадь и повозку (экипаж) и работает как такси

в пере́дней = в холле

тума́н — непрозрачный воздух, наполненный пара́ми воды

☛ Дама с собачкой

постоянстве, в полном равнодушии к жизни и смерти каждого из нас **кроется**, быть может, залог нашего вечного спасения, непрерывного движения жизни на земле, непрерывного совершенства. Сидя рядом с молодой женщиной, которая на рассвете казалась такой красивой, успокоенный и очарованный в виду этой сказочной обстановки — моря, гор, облаков, широкого неба, Гуров думал о том, как, в сущности, если вдуматься, всё прекрасно на этом свете, всё, кроме того, что мы сами мыслим и делаем, когда забываем о высших целях **бытия**, о своём человеческом достоинстве.

Подошёл какой-то человек — должно быть, сторож, — посмотрел на них и ушёл. И эта подробность показалась такой таинственной и тоже красивой. Видно было, как пришёл пароход из Феодосии, освещённый утренней зарей, уже без огней.

— **Роса** на траве, — сказала Анна Сергеевна после молчания.

— Да. Пора домой.

Они вернулись в город.

(4) Потом каждый полдень они встречались на набережной, завтракали вместе, обедали, гуляли, восхищались морем. Она жаловалась, что дурно спит и что у неё тревожно бьётся сердце, задавала всё одни и те же вопросы, волнуемая то ревностью, то страхом, что он недостаточно её уважает. И часто на сквере или в саду, когда вблизи их никого не было, он вдруг привлекал её к себе и целовал страстно. Совершенная **праздность**, эти поцелуи среди белого дня, с оглядкой и страхом, как бы кто не увидел, жара, запах моря и постоянное мелькание перед глазами праздных, нарядных, сытых людей точно **переродили** его; он говорил Анне Сергеевне о том, как она хороша, как соблазнительна, был нетерпеливо страстен, не отходил от неё ни на шаг, а

кры́ться (кро́ется) = заключаться в чём-либо, не обнаруживаясь явно

бытие́ — жизнь, существование

роса́ — маленькие капли воды на траве в часы утренней или вечерней прохлады

пра́здность = безделье

перероди́ть *кого-то* — совершенно изменить *кого-то*

она часто задумывалась и всё просила его сознаться, что он её не уважает, нисколько не любит, а только видит в ней пошлую женщину. Почти каждый вечер попозже они уезжали куда-нибудь за город, в Ореанду или на водопад; и прогулка удавалась, впечатления неизменно всякий раз были прекрасны, величавы.

Ждали, что приедет муж. Но пришло от него письмо, в котором он извещал, что у него разболелись глаза, и умолял жену поскорее вернуться домой. Анна Сергеевна заторопилась.

— Это хорошо, что я уезжаю, — говорила она Гурову. — Это сама судьба.

Она поехала на лошадях, и он провожал её. Ехали целый день. Когда она садилась в вагон курьерского поезда и когда пробил второй звонок, она говорила:

— Дайте, я погляжу на вас ещё... Погляжу ещё раз. Вот так.

Она не плакала, но была грустна, точно больна, и лицо у неё дрожало.

— Я буду о вас думать... вспоминать, — говорила она. — **Господь с вами**, оставайтесь. **Не поминайте лихом**. Мы навсегда прощаемся, это так нужно, потому что не следовало бы вовсе встречаться. Ну, господь с вами.

Господь с ва́ми! (*идиома*) = пусть вам поможет Бог

не помина́йте ли́хом (*идиома*) = не вспоминайте обо мне плохо (говорят при прощании)

Поезд ушёл быстро, его огни скоро исчезли, и через минуту уже не было слышно шума, точно всё сговорилось нарочно, чтобы прекратить поскорее это сладкое забытье, это безумие. И, оставшись один на платформе и глядя в темную даль, Гуров слушал крик кузнечиков и гудение телеграфных проволок с таким чувством, как будто только что проснулся. И он думал о том, что вот в его жизни было ещё одно похождение или приключение, и оно тоже уже кончилось, и осталось теперь воспоминание... Он был **растроган**, грустен и испыты-

растро́ганный — приятно взволнованный

☙ Дама с собачкой

вал легкое **раскаяние**; ведь эта молодая женщина, с которой он больше уже никогда не увидится, не была с ним счастлива; он был приветлив с ней и сердечен, но всё же в обращении с ней, в его тоне и ласке сквозила тенью легкая **насмешка**, грубоватое **высокомерие** счастливого мужчины, который к тому же почти вдвое старше ее. Всё время она называла его добрым, необыкновенным, возвышенным; очевидно, он казался ей не тем, чем был на самом деле, значит, невольно обманывал её...

Здесь на станции уже пахло осенью, вечер был прохладный.

«Пора и мне на север, — думал Гуров, уходя с платформы. — Пора!»

раска́яние — сожаление о каком-либо поступке

насме́шка — обидная шутка
высокоме́рие — уверенность в своём превосходстве перед кем-то, отношение к кому-либо свысока

III

(5) Дома в Москве уже всё было по-зимнему, топили печи, и по утрам, когда дети собирались в гимназию и пили чай, было темно, и няня ненадолго зажигала огонь. Уже начались морозы. Когда идёт первый снег, в первый день езды на санях, приятно видеть белую землю, белые крыши, дышится мягко, славно, и в это время вспоминаются юные годы. У старых лип и берез, белых от инея, добродушное выражение, они ближе к сердцу, чем кипарисы и пальмы, и вблизи них уже не хочется думать о горах и море.

Гуров был москвич, вернулся он в Москву в хороший, морозный день, и когда надел шубу и теплые перчатки и прошёлся по Петровке, и когда в субботу вечером услышал звон колоколов, то недавняя поездка и места, в которых он был, **утеряли** для него всё очарование. Мало-помалу он окунулся в московскую жизнь, уже с жадностью прочитывал по три газеты в день и говорил, что не читает московских газет из принципа. Его уже тянуло в рестораны,

утеря́ть = утратить, потерять

клубы, на званые обеды, юбилеи, и уже ему было лестно, что у него бывают известные адвокаты и артисты и что в докторском клубе он играет в карты с профессором. Уже он мог съесть целую порцию **селянки** на сковородке...

селя́нка (*устар.*) = соля́нка — еда из тушёной капусты с мясом, рыбой или грибами

Пройдёт какой-нибудь месяц, и Анна Сергеевна, казалось ему, покроется в памяти туманом и только изредка будет сниться с трогательной улыбкой, как снились другие. Но прошло больше месяца, наступила глубокая зима, а в памяти всё было ясно, точно расстался он с Анной Сергеевной только вчера. И воспоминания разгорались всё сильнее. Доносились ли в вечерней тишине в его кабинет голоса детей, приготовлявших уроки, слышал ли он романс или орган в ресторане, или завывала в камине метель, как вдруг **воскресало** в памяти всё: и то, что было на молу, и раннее утро с туманом на горах, и пароход из Феодосии, и поцелуи. Он долго ходил по комнате и вспоминал, и улыбался, и потом воспоминания переходили в мечты, и прошедшее в воображении мешалось с тем, что будет. Анна Сергеевна не снилась ему, а шла за ним всюду, как тень, и следила за ним. Закрывши глаза, он видел её, как живую, и она казалась красивее, моложе, нежнее, чем была; и сам он казался себе лучше, чем был тогда, в Ялте. Она по вечерам глядела на него из книжного **шкапа**, из камина, из угла, он слышал её дыхание, ласковый шорох её одежды. На улице он провожал взглядом женщин, искал, нет ли похожей на неё...

воскреса́ть / воскре́снуть в па́мяти = вспомнить

шкап — шкаф

И уже томило сильное желание поделиться с кем-нибудь своими воспоминаниями. Но дома нельзя было говорить о своей любви, а вне дома — не с кем. Не с жильцами же и не в банке. И о чём говорить? Разве он любил тогда? Разве было что-нибудь красивое, поэтическое, или поучительное, или просто интересное в его отношениях к Анне Сергеевне? И приходилось говорить неопределённо о любви, о женщинах, и никто не догадывался, в чём дело, и только жена шевелила своими тёмными бровями и говорила:

— Тебе, Димитрий, совсем не идёт роль **фата**.

Однажды ночью, выходя из докторского клуба со своим партнером, чиновником, он не удержался и сказал:

— Если б вы знали, с какой очаровательной женщиной я познакомился в Ялте!

Чиновник сел в сани и поехал, но вдруг обернулся и окликнул:

— Дмитрий Дмитрич!

— Что?

— А **давеча** вы были правы: **осетрина**-то с **душком**!

Эти слова, такие обычные, почему-то вдруг возмутили Гурова, показались ему унизительными, нечистыми. Какие дикие нравы, какие лица! Что за бестолковые ночи, какие неинтересные, незаметные дни! Неистовая игра в карты, **обжорство**, пьянство, постоянные разговоры всё об одном. Ненужные дела и разговоры всё об одном отхватывают на свою долю лучшую часть времени, лучшие

силы, и в конце концов остаётся какая-то **куцая**, **бескрылая** жизнь, какая-то чепуха, и уйти и бежать нельзя, точно сидишь в сумасшедшем доме или в арестантских ротах!

Гуров не спал всю ночь и возмущался и затем весь день провёл с головной болью. И в следующие ночи он спал дурно, всё сидел в постели и думал или ходил из угла в угол. Дети ему надоели, банк надоел, не хотелось никуда идти, ни о чём говорить.

(6) В декабре на праздниках он собрался в дорогу и сказал жене, что уезжает в Петербург хлопотать за одного молодого человека, — и уехал в С. Зачем? Он и сам не знал хорошо. Ему хотелось повидаться с Анной Сергеевной и поговорить, устроить свидание, если можно.

Приехал он в С. утром и занял в гостинице лучший номер, где весь пол был обтянут серым солдатским сукном и была на столе чернильница, серая от пыли, со всадником на лошади, у которого была поднята рука со шляпой, а голова отбита. Швейцар дал ему нужные сведения: фон Дидериц живёт на Старо-Гончарной улице, в собственном доме — это недалеко от гостиницы, живёт хорошо, богато, имеет своих лошадей, его все знают в городе. Швейцар выговаривал так: Дрыдыриц.

Гуров не спеша пошёл на Старо-Гончарную, отыскал дом. Как раз против дома тянулся забор, серый, длинный, с гвоздями.

«От такого забора убежишь», — думал Гуров, поглядывая то на окна, то на забор.

Он соображал: сегодня день **неприсутственный**, и муж, вероятно, дома. Да и всё равно, было бы бестактно войти в дом и смутить. Если же послать записку, то она, пожалуй, попадёт в руки мужу, и тогда всё можно испортить. Лучше всего положиться на случай. И он всё ходил по улице и около забора поджидал этого случая. Он видел, как в ворота вошёл нищий и на него напали собаки, потом, час спустя, слышал игру на рояли, и звуки доносились слабые, неясные. Должно быть, Анна Сергеевна играла. Парадная дверь вдруг отворилась, и из неё вышла какая-то старушка, а за нею бежал знакомый белый шпиц. Гуров хотел позвать собаку, но у него вдруг забилось сердце, и он от волнения не мог вспомнить, как зовут шпица.

Он ходил и всё больше и больше ненавидел серый забор, и уже думал с раздражением, что Анна Сергеевна забыла о нём и, быть может, уже развлекается с другим, и это так естественно в положении молодой женщины, которая вынуждена с утра до вечера видеть этот проклятый забор. Он вернулся к себе в номер и долго сидел на диване,

непрису́тственный (день) = выходной день

❧ Дама с собачкой

не зная, что делать, потом обедал, потом долго спал.

«Как всё это глупо и беспокойно, — думал он, проснувшись и глядя на тёмные окна; был уже вечер. — Вот и выспался зачем-то. Что же я теперь ночью буду делать?»

Он сидел на постели, покрытой дешёвым серым, точно больничным одеялом, и дразнил себя с досадой:

«Вот тебе и дама с собачкой... Вот тебе и приключение... Вот и сиди тут».

Ещё утром, на вокзале, ему бросилась в глаза афиша с очень крупными буквами: шла в первый раз «Гейша». Он вспомнил об этом и поехал в театр.

«Очень возможно, что она бывает на первых представлениях», — думал он.

Театр был полон. И тут, как вообще во всех губернских театрах, был туман повыше люстры, шумно беспокоилась **галёрка**; в первом ряду перед началом представления стояли местные франты, заложив руки назад; и тут, в губернаторской **ложе**, на первом месте сидела губернаторская дочь в боа, а сам губернатор скромно прятался за портьерой, и видны были только его руки; качался занавес, оркестр долго настраивался. Всё время, пока публика входила и занимала места, Гуров жадно искал глазами.

Вошла и Анна Сергеевна. Она села в третьем ряду, и когда Гуров взглянул на неё, то сердце у него сжалось, и он понял ясно, что для него теперь на всем свете нет ближе, дороже и важнее человека; она, затерявшаяся в провинциальной толпе, эта маленькая женщина, ничем не замечательная, с **вульгарною** лорнеткой в руках, наполняла теперь всю его жизнь, была его горем, радостью, единственным счастьем, какого он теперь желал для себя; и под звуки плохого оркестра, дрянных обывательских

галёрка — места в театре в верхних рядах

ло́жа — лучшие места в театре

вульга́рный — безвкусный

скрипок он думал о том, как она хороша. Думал и мечтал.

Вместе с Анной Сергеевной вошёл и сел рядом молодой человек с небольшими **бакенами**, очень высокий, **сутулый**; он при каждом шаге покачивал головой и, казалось, постоянно кланялся. Вероятно, это был муж, которого она тогда в Ялте, в порыве горького чувства, обозвала лакеем. И в самом деле, в его длинной фигуре, в бакенах, в небольшой лысине было что-то лакейски-скромное, улыбался он сладко, и в петлице у него блестел какой-то учёный значок, точно лакейский номер.

В первом антракте муж ушёл курить, она осталась в кресле. Гуров, сидевший тоже в **партере**, подошёл к ней и сказал дрожащим голосом, улыбаясь насильно:

— Здравствуйте.

Она взглянула на него и побледнела, потом ещё раз взглянула с ужасом, не веря глазам, и крепко сжала в руках вместе веер и лорнетку, очевидно, борясь с собой, чтобы не **упасть в обморок**. Оба молчали. Она сидела, он стоял, испуганный её смущением, не решаясь сесть рядом. Запели настраиваемые скрипки и флейта, стало вдруг страшно, казалось, что из всех лож смотрят. Но вот она встала и быстро пошла к выходу; он — за ней, и оба шли бестолково, по коридорам, по лестницам, то поднимаясь, то опускаясь, и мелькали у них перед глазами какие-то люди в судейских, учительских и удельных мундирах, и всё со значками; мелькали дамы, шубы на вешалках, дул сквозной ветер, обдавая запахом табачных окурков. И Гуров, у которого сильно билось сердце, думал:

«О господи! И к чему эти люди, этот оркестр...»

И в эту минуту он вдруг вспомнил, как тогда вечером на станции, проводив Анну Сергеевну, говорил себе, что всё кончилось и они уже никогда не увидятся. Но как ещё далеко было до конца!

ба́кены = бакенба́рды — волосы на лице, растущие от висков по щекам

суту́лый — тот, у которого спина не прямая, немного согнутая

парте́р — места в театре (первые ряды перед сценой)

упа́сть в о́бморок — потерять сознание

❧Дама с собачкой

На узкой, мрачной лестнице, где было написано «Ход в **амфитеатр**», она остановилась.

— Как вы меня испугали! — сказала она, тяжело дыша, всё ещё бледная, **ошеломленная**. — О, как вы меня испугали! Я едва жива. Зачем вы приехали? Зачем?

— Но поймите, Анна, поймите... — проговорил он вполголоса, торопясь. — Умоляю вас, поймите...

Она глядела на него со страхом, с **мольбой**, с любовью, глядела пристально, чтобы покрепче задержать в памяти его черты.

— Я так страдаю! — продолжала она, не слушая его. — Я всё время думала только о вас, я жила мыслями о вас. И мне хотелось забыть, забыть, но зачем, зачем вы приехали?

Повыше, на площадке, два гимназиста курили и смотрели вниз, но Гурову было всё равно, он привлёк к себе Анну Сергеевну и стал целовать её лицо, щеки, руки.

— Что вы делаете, что вы делаете! — говорила она в ужасе, отстраняя его от себя. — Мы с вами **обезумели**. Уезжайте сегодня же, уезжайте сейчас... Заклинаю вас всем святым, умоляю... Сюда идут!

По лестнице снизу вверх кто-то шёл.

— Вы должны уехать... — продолжала Анна Сергеевна шёпотом. — Слышите, Дмитрий Дмитрич? Я приеду к вам в Москву. Я никогда не была счастлива, я теперь несчастна и никогда, никогда не буду счастлива, никогда! Не заставляйте же меня страдать ещё больше! Клянусь, я приеду в Москву. А теперь расстанемся! Мой милый, добрый, дорогой мой, расстанемся!

Она пожала ему руку и стала быстро спускаться вниз, всё оглядываясь на него, и по глазам её было видно, что она в самом деле не была счастлива. Гуров постоял немного, прислушался, потом, когда всё утихло, отыскал свою вешалку и ушёл из театра.

амфитеа́тр — часть мест в театре далеко от сцены

ошеломлённая — от глагола **ошеломи́ть** — испугать, удивить

мольба́ — *сущ.* от глагола **моли́ть** — страстно просить

обезу́меть — потерять способность рассуждать здраво, стать безумным

IV

(7) И Анна Сергеевна стала приезжать к нему в Москву. Раз в два-три месяца она уезжала из С. и говорила мужу, что едет посоветоваться с профессором насчёт своей женской болезни, — и муж верил и не верил. Приехав в Москву, она останавливалась в «Славянском базаре» и тотчас же посылала к Гурову человека в красной шапке. Гуров ходил к ней, и никто в Москве не знал об этом.

Однажды он шёл к ней таким образом в зимнее утро (посыльный был у него накануне вечером и не застал). С ним шла его дочь, которую хотелось ему проводить в гимназию, это было по дороге. Валил крупный мокрый снег.

— Теперь три градуса тепла, а между тем идёт снег, — говорил Гуров дочери. — Но ведь это тепло только на поверхности земли, в верхних же слоях атмосферы совсем другая температура.

— Папа, а почему зимой не бывает грома?

Он объяснил и это. Он говорил и думал о том, что вот он идёт на свидание и ни одна живая душа не знает об этом и, вероятно, никогда не будет знать. У него были две жизни: одна явная, которую видели и знали все, кому это нужно было, полная условной правды и условного обмана, похожая совершенно на жизнь его знакомых и друзей, и другая — протекавшая тайно. И по какому-то странному стечению обстоятельств, быть может, случайному, всё, что было для него важно, интересно, необходимо, в чём он был искренен и не обманывал себя, что составляло зерно его жизни, происходило тайно от других, всё же, что было его **ложью**, его оболочкой, в которую он прятался, чтобы скрыть правду, как, например, его служба в банке, споры в клубе, его «низшая раса», хождение с женой на юбилеи, — всё это было явно. И по

ложь — неправда

41

⌐ Дама с собачкой

себе он судил о других, не верил тому, что видел, и всегда предполагал, что у каждого человека под покровом тайны, как под покровом ночи, проходит его настоящая, самая интересная жизнь. Каждое личное существование держится на тайне, и, быть может, отчасти поэтому культурный человек так нервно хлопочет о том, чтобы уважалась личная тайна.

Проводив дочь в гимназию, Гуров отправился в «Славянский базар». Он снял шубу внизу, поднялся наверх и тихо постучал в дверь. Анна Сергеевна, одетая в его любимое серое платье, утомленная дорогой и ожиданием, поджидала его со вчерашнего вечера; она была бледна, глядела на него и не улыбалась, и едва он вошёл, как она уже припала к его груди. Точно они не виделись года два, поцелуй их был долгий, длительный.

— Ну, как живёшь там? — спросил он. — Что нового?

— Погоди, сейчас скажу... Не могу.

Она не могла говорить, так как плакала. Отвернулась от него и прижала платок к глазам.

«Ну, пускай поплачет, а я пока посижу», — подумал он и сел в кресло.

Потом он позвонил и сказал, чтобы ему принесли чаю; и потом, когда пил чай, она всё стояла, отвернувшись к окну... Она плакала от волнения, от скорбного сознания, что их жизнь так печально сложилась; они видятся только тайно, скрываются от людей, как воры! Разве жизнь их не разбита?

— Ну, перестань! — сказал он.

Для него было очевидно, что эта их любовь кончится ещё не скоро, неизвестно когда. Анна Сергеевна привязывалась к нему всё сильнее, **обожала** его, и было бы **немыслимо** сказать ей, что всё это должно же иметь когда-нибудь конец; да она бы и не поверила этому.

обожа́ть *кого-то, что-либо* — очень сильно любить

немы́слимо — невозможно

Он подошёл к ней и взял её за плечи, чтобы приласкать, пошутить, и в это время увидел себя в зеркале.

Голова его уже начинала **седеть**. И ему показалось странным, что он так постарел за последние годы, так подурнел. Плечи, на которых лежали его руки, были теплы и вздрагивали. Он почувствовал сострадание к этой жизни, ещё такой теплой и красивой, но, вероятно, уже близкой к тому, чтобы начать блекнуть и вянуть, как его жизнь. За что она его любит так? Он всегда казался женщинам не тем, кем был, и любили они в нём не его самого, а человека, которого создавало их воображение и которого они в своей жизни жадно искали; и потом, когда замечали свою ошибку, то всё-таки любили. И ни одна из них не была с ним счастлива. Время шло, он знакомился, сходился, расставался, но ни разу не любил; было всё что угодно, но только не любовь.

И только теперь, когда у него голова стала седой, он полюбил, как следует, по-настоящему — первый раз в жизни.

Анна Сергеевна и он любили друг друга, как очень близкие, родные люди, как муж и жена, как нежные друзья; им казалось, что сама судьба предназначила их друг для друга, и было непонятно, для чего он женат, а она замужем; и точно это были две перелётные птицы, самец и самка, которых поймали и заставили жить в отдельных клетках. Они простили друг другу то, чего стыдились в своём прошлом, прощали всё в настоящем и чувствовали, что эта их любовь изменила их обоих.

Прежде, в грустные минуты, он успокаивал себя всякими рассуждениями, какие только приходили ему в голову, теперь же ему было не до рассуждений, он чувствовал глубокое сострадание, хотелось быть искренним, нежным...

седе́ть — с возрастом менять цвет волос, становиться белым (седым)

❧ Дама с собачкой

Иллюстрация
к рассказу
«Дама с собачкой».
Кукрыниксы

— Перестань, моя хорошая, — говорил он. — Поплакала — и будет... Теперь давай поговорим, что-нибудь придумаем.

Потом они долго советовались, говорили о том, как избавить себя от необходимости прятаться, обманывать, жить в разных городах, не видеться подолгу. Как освободиться от этих невыносимых **пут**?

— Как? Как? — спрашивал он, хватая себя за голову. — Как?

И казалось, что ещё немного — и решение будет найдено, и тогда начнётся новая, прекрасная жизнь; и обоим было ясно, что до конца ещё далеко-далеко и что самое сложное и трудное только ещё начинается.

пу́ты — то, что спутывает (связывает руки, ноги, чувства) и не даёт свободы

б) Если это возможно, прослушайте рассказ А.П. Чехова «Дама с собачкой», используя аудиокнигу. Следите по тексту.

Задание 4. Перечитайте первый фрагмент (1). Ответьте на вопросы, выполните задания.

1. Кого однажды увидел Гуров на набережной в Ялте? Что говорится об этой женщине в первом фрагменте?

2. Что вы узнали о Гурове, прочитав первый фрагмент?
3. Охарактеризуйте жену Гурова. Как Гуров относился к жене? Как вы думаете, любил ли Гуров когда-нибудь свою жену? Аргументируйте ваше мнение.
4. Как Гуров отзывался о женщинах? Как он называл их?
5. Каковы были отношения Гурова с женщинами? Имел ли Гуров успех у женщин? Как отношение Гурова к женщинам характеризует его? Что можно сказать о его характере, о свойствах его личности?
6. Перечитайте следующий фрагмент.

Опыт многократный, в самом деле горький опыт, научил его давно, что всякое сближение, которое вначале так приятно разнообразит жизнь и представляется милым и лёгким приключением, у порядочных людей, особенно у москвичей, тяжёлых на подъём, нерешительных, неизбежно вырастает в целую задачу, сложную чрезвычайно, и положение в конце концов становится тягостным. Но при всякой новой встрече с интересною женщиной этот опыт ускользал из памяти, и хотелось жить, и всё казалось так просто и забавно.

Каким кажется вам Гуров в этом отрывке:

☐ обычным мужчиной, похожим на сотни, тысячи других мужчин;
☐ циником, не умеющим ценить настоящие человеческие чувства;
☐ глубоко несчастным человеком, который никогда не знал любви;
☐ другим (каким?).

Аргументируйте ваше мнение.

Задание 5. Перечитайте второй фрагмент (2). Выполните задания, ответьте на вопросы.

1. Расскажите, как произошло знакомство Гурова с дамой с собачкой.
2. Как звали даму с собачкой?
3. Что рассказали друг другу о себе Гуров и Анна Сергеевна?
4. О чём Гуров вспоминал, ложась спать в этот день? На какие особенности внешности, поведения Анны Сергеевны он обратил внимание?
5. Скажите, как вы понимаете слова Гурова *«что-то в ней есть жалкое всё-таки».*
6. Прочитайте ещё раз первый и второй фрагменты рассказа. Выскажите ваше мнение: каково было отношение Гурова к Анне Сергеевне на первом этапе их знакомства? Аргументируйте ваше мнение.

❦Дама с собачкой

Задание 6. Перечитайте третий фрагмент (3). Выполните задания, ответьте на вопросы.

1. Перечитайте фрагмент, в котором описывается поведение Анны Сергеевны при встрече теплохода.

По случаю волнения на море пароход пришёл поздно, когда уже село солнце, и, прежде чем пристать к молу, долго поворачивался. Анна Сергеевна смотрела в лорнетку на пароход и пассажиров, как бы отыскивая знакомых, и когда обращалась к Гурову, то глаза у неё блестели. Она много говорила, и вопросы у неё были отрывисты, и она сама тотчас забывала, о чём спрашивала; потом потеряла в толпе лорнетку.

Охарактеризуйте психологическое состояние Анны Сергеевны в этот момент. Скажите, чем вызвано такое психологическое состояние и поведение Анны Сергеевны.

2. Сравните два фрагмента рассказа. Обратите внимание на выделенные слова.

*(а) От прошлого у него сохранилось воспоминание о **беззаботных, добродушных** женщинах, **весёлых от любви**, благодарных ему за счастье, хотя бы очень короткое; и о таких, — как, например, его жена, — которые **любили без искренности**, с **излишними разговорами, манерно, с истерией**, с таким выражением, как будто то была не любовь, не страсть, а что-то более значительное; и о таких двух-трёх, очень **красивых, холодных**, у которых вдруг промелькало на лице хищное выражение, упрямое желание взять, выхватить у жизни больше, чем она может дать, и это были не первой молодости, капризные, не рассуждающие, властные, не умные женщины, и когда Гуров охладевал к ним, то красота их возбуждала в нём ненависть и кружева на их белье казались ему тогда похожими на чешую.*

*(б) Но тут всё та же **несмелость, угловатость неопытной молодости**, **неловкое чувство**; и было впечатление растерянности, как будто кто вдруг постучал в дверь.*

• Какие женщины встречались Гурову до Анны Сергеевны? Как описывает их автор?

• Чем отличалась Анна Сергеевна от этих женщин? Как описывает автор Анну Сергеевну?

3. Как отнеслась Анна Сергеевна к тому, что произошло в её номере после прогулки на теплоходе? Как автор описывает внешность, поведение Анны Сергеевны в этот момент?

Выскажите ваше мнение: в чём причина такой реакции Анны Сергеевны на произошедшее?

4. Объясните, как вы понимаете значение слова *падение*. Согласны ли вы с Анной Сергеевной, что произошедшее в её номере после прогулки на теплоходе — это падение?

5. Прочитайте следующий фрагмент. Обратите внимание на выделенные слова.

Анна Сергеевна была **трогательна**, от неё веяло **чистотой порядочной, наивной, мало жившей женщины**; одинокая свеча, горевшая на столе, едва освещала её лицо, но было видно, что **у неё нехорошо на душе**.

— Отчего бы я мог перестать уважать тебя? — спросил Гуров. — Ты сама не знаешь, что говоришь.

— Пусть бог меня простит! — сказала она, и глаза у неё наполнились слезами. — Это ужасно.

— Ты точно оправдываешься.

— Чем мне оправдаться? **Я дурная, низкая женщина**, я себя презираю и об оправдании не думаю. Я не мужа обманула, а самое себя. И не сейчас только, а уже давно обманываю. Мой муж, быть может, честный, хороший человек, но ведь он лакей! Я не знаю, что он делает там, как служит, а знаю только, что он лакей. Мне, когда я вышла за него, было двадцать лет, меня томило любопытство, мне хотелось чего-нибудь получше; ведь есть же, — говорила я себе, — другая жизнь. Хотелось пожить! Пожить и пожить... **Любопытство меня жгло**... вы этого не понимаете, но, клянусь богом, я уже не могла владеть собой, со мной что-то делалось, меня нельзя было удержать, я сказала мужу, что больна, и поехала сюда... И здесь всё ходила, как в угаре, как безумная... и вот **я стала пошлой, дрянной женщиной, которую всякий может презирать**.

Скажите, как Анна Сергеевна объясняет мотивы своего поступка? Какой кажется вам Анна Сергеевна в этой ситуации:

☐ неопытной;
☐ наивной;
☐ трогательной;
☐ доверчивой;
☐ нежной;
☐ глупой;
☐ легкомысленной;
☐ порядочной;

☙ Дама с собачкой

☐ слишком эмоциональной;

☐ женщиной с устаревшими взглядами на жизнь;

☐ пошлой и дрянной женщиной;

☐ другой (какой?).

Аргументируйте ваше мнение.

6. Какие чувства вызывало у Гурова поведение Анны Сергеевны? Как вы оцениваете поведение Гурова в этой ситуации? Аргументируйте свою оценку. Перечитайте следующий фрагмент, обратите внимание на выделенные слова: «*На столе в номере был арбуз. **Гуров отрезал себе ломоть и стал есть не спеша***». Зачем, с вашей точки зрения, автору нужна была эта деталь? Каким образом эта деталь характеризует поведение Гурова?

7. Опишите поездку Гурова и Анны Сергеевны в Ореанду. О чём думал Гуров, сидя на рассвете у моря рядом с молодой женщиной? Найдите в тексте и прочитайте нужный фрагмент. Похожи ли эти мысли на те, которые у него были раньше?

8. Перечитайте первый, второй и третий фрагменты. Выскажите ваше мнение: как изменился Гуров? Как повлияли на него отношения с Анной Сергеевной?

Задание 7. Перечитайте четвёртый фрагмент (4). Выполните задания, ответьте на вопросы.

1. Опишите, как Гуров и Анна Сергеевна провели следующие дни в Ялте. Как вела себя Анна Сергеевна? Как вёл себя Гуров?

2. Расскажите, как Гуров и Анна Сергеевна прощались на вокзале.

♦ Что, с вашей точки зрения, значило это расставание для Анны Сергеевны?

♦ Было ли расставание с Анной Сергеевной тяжёлым для Гурова? Что он испытывал в этот момент? Найдите в тексте и прочитайте нужный фрагмент.

♦ Как Гуров в мыслях называл свой роман с этой женщиной? Как это характеризует Гурова?

Задание 8. Перечитайте пятый фрагмент (5). Ответьте на вопросы, выполните задания.

1. Сбылись ли предположения Гурова, что «*пройдёт какой-нибудь месяц, и Анна Сергеевна покроется в памяти туманом и только изредка будет*

сниться с трогательной улыбкой, как снились другие»? Что получилось на самом деле? Подробно опишите душевное состояние Гурова. Как его можно назвать одним словом?

2. Перечитайте фрагмент. Обратите внимание на выделенные слова.

> *— А давеча вы были правы: осетрина-то с душком!*
>
> *Эти слова, такие обычные, почему-то вдруг возмутили Гурова, показались ему унизительными, нечистыми. Какие дикие нравы, какие лица!* **Что за бестолковые ночи, какие неинтересные, незаметные дни!** *Неистовая игра в карты, обжорство, пьянство, постоянные разговоры всё об одном.* **Ненужные дела и разговоры всё об одном отхватывают на свою долю лучшую часть времени, лучшие силы, и в конце концов остаётся какая-то куцая, бескрылая жизнь, какая-то чепуха,** *и уйти и бежать нельзя, точно сидишь в сумасшедшем доме или в арестантских ротах!*

- ◆ Объясните, как вы понимаете выделенные слова. Как они характеризуют отношение Гурова к привычной для него жизни?
- ◆ Почему привычная жизнь стала вызывать у Гурова такое неприятие? Из утверждений, данных ниже, выберите то, с которым вы согласны:
  - ☐ полюбив Анну Сергеевну, Гуров изменился внутренне, стал по-другому смотреть на жизнь, у него появились новые ценности;
  - ☐ он просто скучал по Анне Сергеевне, и это неприятие окружающей жизни и окружающих людей — та форма, в которой выражалась тоска по Анне Сергеевне;
  - ☐ другое (что?).

Аргументируйте свой выбор.

Задание 9. Перечитайте шестой фрагмент (6). Ответьте на вопросы, выполните задания.

1. Почему Гуров поехал в город С.? Из утверждений, данных ниже, выберите то, с которым вы согласны:
   - ☐ эту поездку можно назвать авантюрным поступком, желанием получить острые ощущения;
   - ☐ эту поездку можно назвать нормальным поведением влюблённого человека;
   - ☐ эту поездку можно назвать безумием;
   - ☐ другое (что?).

Аргументируйте свой выбор.

◆ Дама с собачкой

2. Опишите первые часы пребывания Гурова в городе С.

3. О чём подумал Гуров, когда увидел Анну Сергеевну в театре? Найдите в тексте и прочитайте нужный фрагмент.
Что Гуров понял в этот момент?

4. Опишите свидание Гурова и Анны Сергеевны в театре. Чем закончилось это свидание?

Задание 10. Перечитайте седьмой фрагмент (7). Выполните задания, ответьте на вопросы.

1. Опишите дальнейшее развитие отношений Гурова и Анны Сергеевны. Как автор характеризует их отношения? Найдите в тексте и прочитайте нужный фрагмент.

2. Перечитайте фрагмент.

Она не могла говорить, так как плакала. Отвернулась от него и прижала платок к глазам. <...> Потом он позвонил и сказал, чтобы ему принесли чаю; и потом, когда пил чай, она всё стояла, отвернувшись к окну... Она плакала от волнения, от скорбного сознания, что их жизнь так печально сложилась; они видятся только тайно, скрываются от людей, как воры!

Выскажите ваше мнение: чем была эта любовь для Анны Сергеевны? Из утверждений, данных ниже, выберите то, с которым вы согласны:
- ☐ смыслом её жизни;
- ☐ скорее, развлечением (её жизнь в провинциальном городе с нелюбимым мужем была очень скучна и неинтересна);
- ☐ причиной душевных страданий;
- ☐ другим (чем?).

Аргументируйте свой выбор.

3. Как вы думаете, чем были для Гурова отношения с Анной Сергеевной? Аргументируйте ваше мнение.
Сравните два фрагмента, в которых говорится о чувствах, мыслях Гурова. Обратите внимание на выделенные предложения.

*(а) **Для него было очевидно, что эта их любовь кончится ещё не скоро, неизвестно когда.** Анна Сергеевна привязывалась к нему всё сильнее, обожала его и было бы немыслимо сказать ему, что **всё это должно же иметь когда-нибудь конец;** да она бы и не поверила этому.*

(б) За что она его любит так? Он всегда казался женщинам не тем, кем был, и любили они в нём не его самого, а человека, которого создавало их

воображение и которого они в своей жизни жадно искали; и потом, когда замечали свою ошибку, то всё равно любили. И ни одна из них не была с ним счастлива. Время шло, он знакомился, сходился, расставался, но ни разу не любил; было всё, что угодно, но только не любовь.

И только теперь, когда у него голова стала седой, он полюбил как следует, по-настоящему, первый раз в жизни.

Прокомментируйте содержание этих фрагментов. Выберите то утверждение, которое, с вашей точки зрения, наиболее точно передаёт душевное состояние Гурова и характеризует его отношение к Анне Сергеевне:

а) Роман с Анной Сергеевной похож на все предыдущие романы Гурова: вначале это было «милым и лёгким приключением», внесло в его жизнь разнообразие, а потом «положение стало тягостным». Отличие только в том, что он испытывал жалость и сострадание к Анне Сергеевне, и у него не хватало мужества прекратить отношения с этой женщиной. К тому же любому мужчине приятно, когда рядом есть женщина, которая обожает его, несмотря на все его недостатки, готовая сделать для него всё, что он захочет.

б) Только теперь он полюбил по-настоящему, первый раз в жизни. Любовь изменила его. Он хотел быть с любимой женщиной, но не мог сделать решительных шагов. Он предпочитал ждать и надеяться, что «решение будет найдено, и тогда начнётся новая, прекрасная жизнь».

в) Частично верно и утверждение а), и утверждение б).

Подробно аргументируйте свой выбор.

4. Автор пишет, что любовь изменила их обоих: и Гурова, и Анну Сергеевну. Выскажите ваше мнение: как изменились Гуров и Анна Сергеевна? При ответе используйте текст рассказа.

5. Прочитайте ещё раз фрагмент (7). Что имел в виду автор, когда писал: *«И им обоим было ясно, что до конца ещё далеко-далеко и что самое сложное и трудное только начинается»?* Выскажите ваше мнение: что ждёт Гурова и Анну Сергеевну? Аргументируйте ваше мнение.

Задание 11. а) Составьте психологический портрет Дмитрия Дмитриевича Гурова. Назовите основные свойства его характера. Объясните, почему вы выделили именно эти свойства.

б) Автор пишет, что любовь изменила Гурова. Выскажите ваше согласие или несогласие с точкой зрения автора. Аргументируйте вашу точку зрения, используя текст рассказа.

в) Если вы согласны с точкой зрения автора, дайте вашу оценку тому, как изменился Гуров. Аргументируйте ваше мнение.

Задание 12. Выскажите ваше мнение: почему А.П. Чехов выбрал для своего рассказа название «Дама с собачкой»?

Задание 13. Как вы считаете, что представляют собой взаимоотношения Гурова и Анны Сергеевны:

☐ это настоящая любовь, испытать которую выпадает немногим. Анна Сергеевна и Гуров — счастливые люди;

☐ любовь ушла, отношения Гурова и Анны Сергеевны превратились в привычку. Но ни у Гурова, ни тем более у Анны Сергеевны нет сил, чтобы открыто признать это и прекратить отношения.

Аргументируйте ваше мнение, используя текст рассказа.

♦ Ответьте на вопрос: важна ли в данном случае большая разница в возрасте у Гурова и Анны Сергеевны (Гуров намного старше Анны Сергеевны)? Влияет ли эта разница на характер их взаимоотношений?

♦ Предположите, что Гурову и Анне Сергеевне удалось стать свободными и начать жить вместе, одной семьёй. Они будут видеться каждый день (а не один раз в три месяца), им нужно будет решать общие бытовые проблемы. Как вы думаете, сохранят они тогда свою любовь? Или возможность видеться один раз в три месяца — это как раз то обстоятельство, которое позволяет им сохранить их любовь? Объясните вашу точку зрения.

Задание 14. Ещё раз прочитайте **задание 2** и ответьте на вопрос: изменилась ли ваша точка зрения после того, как вы познакомились с рассказом А.П. Чехова «Дама с собачкой»? Аргументируйте свой ответ.

Задание 15. а) Прослушайте рассказ А.П. Чехова «Дама с собачкой» ещё раз.

б) Сделайте обобщение: о чём рассказ А.П. Чехова «Дама с собачкой»? Из утверждений, данных ниже, выберите то, которое считаете верным:

☐ это рассказ о том, какой разной может быть любовь — у одних людей она счастливая, у других — печальная;

☐ это рассказ о том, что любовь между мужчиной и женщиной, когда при этом мужчина женат на другой женщине, а женщина — замужем за другим мужчиной, никогда не будет счастливой. Как говорится, нельзя построить своё счастье на несчастье других людей;

☐ это рассказ о том, что в жизни всё может быть, и никогда нельзя судить людей слишком строго.

в) Выскажите ваше мнение: что хотел сказать людям, к чему хотел привлечь внимание писатель А.П. Чехов, когда задумал и написал рассказ «Дама с собачкой»?

Задание 16. Выполните задания, данные ниже.

а) Ваша задача — помочь Анне Сергеевне и Гурову найти выход из этой запутанной ситуации.

Суть проблемы: обоим — и Анне Сергеевне, и Гурову — их любовь приносит страдания, они оба чувствуют, что сложившаяся ситуация ненормальна, и — что ещё более важно — со страхом ждут будущего: «*И им обоим было ясно, что … самое сложное и трудное только ещё начинается*».

Дайте Гурову и Анне Сергеевне конкретные советы. Что им надо делать:

☐ бороться за свою любовь, сделать всё, чтобы жить вместе;

☐ найти в себе силы расстаться. Любовь ушла, надо расстаться, чтобы сохранились хорошие воспоминания, благодарность друг другу, а не страдания.

☐ другое (что?).

Каждый совет аргументируйте, чтобы эти два человека поверили: то, что вы советуете, — это действительно лучшее, что можно сделать в данной ситуации.

б) Напишите сочинение (письменное высказывание) по рассказу А.П. Чехова «Дама с собачкой».

Часть 3
ЦВЕТЫ ЗАПОЗДАЛЫЕ

В этой части пособия вы познакомитесь
с повестью А.П. Чехова «Цветы запоздалые».
Поможет вам в этом одноимённый фильм,
снятый по мотивам повести.

Фильм «Цветы запоздалые» был снят
на киностудии «Мосфильм» в 1969 году.
Режиссёр фильма — А. Роом

Задание 1. Познакомьтесь с героями повести и фильма. Прочитайте вслух имена / фамилии героев. Попробуйте ответить на вопросы.

князь Приклонский	**князь** — наследственный титул, а также аристократ, имеющий этот титул обращение к князю: **Ва́ше сия́тельство!**
Егор Егорушка	**Его́рушк**а — ласковое обращение
Жорж	В семьях русской аристократии было принято говорить на французском языке, поэтому мать называет детей французскими именами.

Кто мог называть князя Приклонского *Егорушкой*? Почему?

княжна Приклонская	**княжна́** — дочь князя
Мария Маша Машенька Маруся Мари	*Ма́шенька, Мару́ся* — ласковые обращения

Кто мог называть княжну Приклонскую *Машенькой, Марусей*? Почему?

княгиня Приклонская	**княги́ня** — жена князя; мать князя и княжны Приклонских
maman	В семьях русской аристократии было принято говорить на французском языке, поэтому дети при обращении к матери используют не русское слово *мама*, а французское *maman*.
доктор Топорков Николай Семёнович	
Николаша «знаменитость»	*Никола́ша / Микола́ша* — фамильярное обращение

1. Кто мог называть доктора *Николаем Семёновичем*?
2. Кто мог называть доктора *Николашей / Миколашей*? Почему?
3. Кто мог называть доктора *знаменитостью*? С какой целью говорящий выбирал не имя, не фамилию доктора, а слово *знаменитость*?

Никифор	слуга в доме Приклонских, дядя доктора Топоркова

Задание 2. Познакомьтесь с новой лексикой, которая встретится в повести и в фильме. В случае необходимости обращайтесь к словарю.

Финансы и деньги

Я уполномочен **описать** Ваше имущество.	**описа́ть иму́щество** — составить список всего, что имеет человек
Ваше сиятельство, я представил Вам статью закона, по которой Вы имеете право на **отсрочку** на месяц.	**отсро́чка** — перенесение чего-либо (оплаты, явки) на более позднее время

✿ Цветы запоздалые

У меня ещё достаточно большое **состояние**, чтобы вы смели **опротестовывать** мои **векселя**!

Князь, расплачивайтесь!

Вы прекрасно знаете этот дом. Он сто́ит двести тысяч и ни копейки меньше. Сёмушкин **отдаёт** его за сто. Я выяснил, в чём тут дело. Там, понимаете, какая-то не очень красивая семейная история. Жена остаётся в Италии. Другой причины я не знаю. И Сёмушкин **рвёт** с нашим городом. Он уезжает, но меньше чем за сто не отдаёт.

— У Вас **на счету** 42 тысячи, надо ещё 60 тысяч. У Вас богатая клиентура, Вы **кредитоспособны**, Вам **дадут взаймы**, а **упустить такой случай** — тяжкий грех. Ну а мне — 2 процента за старания.

Ну вот, дочь, **крах** нашей жизни наступил! Когда же **торги**?

Займи мне рубль.
Никифор, голубчик, **займи** мне пять рублей, последний раз.
Что это, тебе смеют давать **трёшки**?
Что же я сделал? Я лбом своим пробил тоннель в жизни. Прошёл этот тоннель, — и что же? Ну и что же? **Пятирублёвки, десятирублёвки**... Я потерял себя.

состоя́ние — имущество, собственность

ве́ксель — документ, в котором человек обязуется отдать деньги, взятые в долг, в определённое время

опротесто́вывать векселя́ (*устар.*) — официально подтверждать, что деньги по векселю не были выплачены вовремя

распла́чиваться *за что* = платить *за что*

отдава́ть *что за сколько* = продавать *что за сколько*

рвать *с кем / с чем* — прекращать все отношения *с кем / с чем*

у кого **на счету́** *сколько*

кредитоспосо́бный — способный платить по счетам; способный отдать взятый кредит

дать взаймы́ *что* = дать в долг *что*

упусти́ть слу́чай = потерять возможность

крах — *здесь*: конец прежней жизни, разорение

торги́ = аукцион

заня́ть *кому что* (*устар.*) — дать в долг *кому что*

трёшка (*прост.*) — три рубля

пятирублёвка — пять рублей
десятирублёвка — десять рублей

Болезнь

лечить / вылечить *кого от чего*

лечи́ть *кого* — давать лекар-
ства, советы для того,
чтобы человек выздоро-
вел, стал здоровым

не разрешали пить *что*

не разреша́ли пить *что* = не
разрешали употреблять
спиртные напитки

пить во́ды

пить во́ды = употреблять ми-
неральные воды

ехать в степь на кумыс

е́хать в степь на кумы́с = поехать лечиться **кумы́сом**
(молоком самки лошади)

— Что с тобой?
— У меня **озноб**.
— Ты вся **горишь**!

озно́б — болезненное ощу-
щение холода, дрожь
при высокой темпера-
туре; *у кого* озноб

кто гори́т = *у кого* болезненное ощущение жара

— А с княжной дело серьёзное. **Воспаление лёгких.**
— **Может быть, это начало...**
— Не знаю, я не **пророк**. Ясно будет через не-
сколько дней.

воспале́ние лёгких = пневмо-
ния

мо́жет быть, э́то нача́ло... —
начало туберкулёза, бо-
лезни лёгких, смертель-
ной в 19-м веке

проро́к — человек, который
может предсказывать
будущее

Меня **знобит**, что-то **нездоровится**.

кого зноби́т = *у кого* озноб

кому нездоро́вится = *кто*
плохо себя чувствует

Не **злоупотребляйте** спиртными напитками. **Из-
бегайте** по возможности излишеств.
Остерегайтесь простуды.
Избегайте нервных возбуждений.

злоупотребля́ть *чем* — использовать что-либо во
вред себе

просту́да — болезнь, вызван-
ная холодом

избега́ть *чего* — отказываться
от чего

❖ Цветы запоздалые

Сватание

Свататься

сва́таться *к кому* = просить руки *кого* = просить *кого* выйти замуж

Сваха

сва́ха — женщина, которая занимается устройством браков

— У княгинюшки товар, а у меня купец.

— Вы что же, **сватать** пришли? Поздравляю тебя, Мари, с женихом!

— Он сам бы мог пожаловать. Обидно даже, **мы не купцы** какие-нибудь.

— Шестьдесят тысяч просит... Жена женой, а деньги деньгами.... Я, говорит, жены не возьму без денег, потому она должна у меня всякие удовольствия получать...

— Потрудитесь передать доктору, что мы крайне удивлены и обижены.

купе́ц — *здесь*: покупатель

у вас това́р, у нас купе́ц — фраза, которую раньше обязательно произносили, когда сватались (невеста — товар; жених — купец)

сва́тать *кого* — предлагать *кого* в мужья или в жёны

мы не купцы́: купец ниже по происхождению, чем князь

Характер, внешность

Ну, отчего я не поговорила с ним? Отчего? **Трусиха** я, вот что!

трус (*м. р.*)

труси́ха (*ж. р.*) — человек, которому часто бывает страшно

Перестаньте **чавкать**!

ча́вкать — издавать неприятные звуки во время еды

Егорушкин **подбородок** напоминает ему **подбородок** Маруси.

подборо́док — нижняя часть лица

— Сваха **врёт**?

— Не врёт она, Машенька! Это его деньги испортили, **одеревянили**.

врать (*прост.*) *кому* = обманывать *кого* = лгать *кому* = говорить *кому* неправду

одеревя́нить — слово, придуманное Чеховым; образовано от слова **деревя́нный**

Задание 3. а) Прочитайте текст. Обратите внимание на лексический комментарий, данный после текста.

До 1861 года в России существовало *крепостное право*. Крепостное право — это форма зависимости крестьян от помещика (собственника земли). Крестьянин (или *крепостной*) был обязан жить и работать на земле, принадлежащей помещику. Крепостной крестьянин не мог изменить свой статус: он не мог переехать в другое место, не мог изменить профессию, не мог жениться (выйти замуж) без согласия помещика.

После 1861 года крестьяне получили личную свободу. Но ещё долгое время в русском обществе ощущалось социальное неравенство. Помещики, бывшие хозяева крепостных, по-прежнему считали бывших крепостных людьми «второго сорта», часто называли их **лакеями**[1], **плебеями**[2], **слугами**[3]. И это несмотря на то, что бывшие крепостные всё-таки добивались успеха в жизни, становились учёными, врачами, педагогами и т. д. Бывшие крепостные должны были доказывать, что они имеют такие же права, как и их бывшие хозяева.

Герой фильма «Цветы запоздалые» — доктор Топорков — бывший крепостной князей Приклонских. Теперь он известный доктор. Старая княгиня Приклонская не может забыть того, что известный доктор — её бывший слуга:

«Он, он, он! Наш слуга бывший, сын крепостного, племянник Никифора! Стыдно сказать, он всеми уважаем, всеми любим, богат, красавец! Ну не глупо ли! Ездит **на паре**[4] *в* **пику**[5] *нам!»*

Когда княгиня в разговоре напоминает доктору, что он её бывший крепостной, доктор говорит:

«Не забыл, княгиня, не забыл моего крепостного отца, вашего слугу, не забыл **чистки**[6] *самоваров, ножей и обуви. В чём Вы* **упрекаете**[7] *меня? В том, что я не захотел остаться вашим* **лакеем**[1]*?»*

Сын княгини Приклонской начинает понимать, что значимость, ценность человека не зависят от его происхождения. Вот что он говорит матери:

«В нынешние времена, **муттер**[8]*, у кого есть голова на плечах и большой карман в* **панталонах**[9]*, тот и хорошего происхождения, а у кого вместо головы* **седалище тела человеческого**[10]*, а вместо кармана мыльный пузырь, тот... нуль, вот что!*

<...> Я с удовольствием променял бы своё **княжество**[11] *на его (доктора) голову и карман».*

А.П. Чехов родился за год до отмены крепостного права, в 1860 году, и, по сути, был первым свободным человеком в семье Чеховых. Дед А.П. Чехова был крепостным, отец — выкупленным из крепостных. На своём собственном опыте А.П. Чехов знал, что это такое — быть сыном бывшего крепостного.

☙ Цветы запоздалые

Лексический комментарий

1 **лаке́й** — то же самое, что **слуга**; человек, который по своему характеру является слугой, рабом; слово «лакей» может использоваться как оскорбление;

2 **плебе́й** — человек низкого происхождения; слово «плебей» может использоваться как оскорбление;

3 **слуга́** — работник в частном доме, в каком-нибудь заведении, который выполняет различные услуги, например, убирает дом, готовит еду, стирает одежду и т. д.;

4 **па́ра** — две лошади; ездить на собственной паре могли только обеспеченные люди;

5 делать что-либо **в пи́ку** *кому* — делать специально, чтобы вызвать раздражение, злость у кого-либо;

6 **чи́стка** — существительное от глагола **чистить**;

7 **упреќа́ть** *кого в чём* — обвинять кого в чём;

8 **му́ттер** (от нем. *Mutter*) — мать, мама;

9 **пантало́ны** (от франц. *pantolon*) — брюки, штаны;

10 **седа́лище те́ла челове́ческого** — часть тела, на которой человек сидит;

11 **кня́жество** — *здесь*: аристократическое происхождение.

б) Ответьте на вопросы по тексту.

1. Что такое крепостное право? Кто такие крепостные?
2. Когда в России было отменено крепостное право?
3. Как относились помещики к своим бывшим крепостным? Выскажите ваше мнение: чем можно объяснить такое отношение?
4. Выскажите ваше мнение: как относились бывшие крепостные к своим бывшим хозяевам? Чем можно объяснить такое отношение?
5. Почему А.П. Чехов хорошо понимал те чувства, которые испытывал сын бывшего крепостного?

Задание 4. Объясните, как вы понимаете:

- значение словосочетания *низкое происхождение*. Кого можно назвать *человеком **низкого происхождения**?*
- значение словосочетания *высокое происхождение*. Кого можно назвать *человеком **высокого происхождения**?*

Задание 5. Повесть А.П. Чехова и фильм, снятый по этой повести, называется «Цветы запоздалые».

Глагол **запоздать** в русском языке имеет значение *немного опоздать*.

Объясните, как вы понимаете название повести А.П. Чехова «Цветы запоздалые»?

Выскажите предположение, о чём может быть фильм, который вы будете смотреть.

Задание 6. Самостоятельно познакомьтесь с текстом повести «Цветы запоздалые» / посмотрите одноимённый фильм. Помните, что текст художественного фильма может не совпадать с текстом повести А.П. Чехова.

Задание 7. Ответьте на вопросы, выполните задания.

1. Почему юристы опротестовывали векселя княгини? Почему финансовое положение семьи Приклонских было очень тяжёлым? Кто был в этом виноват?
2. Дайте характеристику князя Егорушки. Используйте прилагательные, данные ниже.

Легкомысленный	опустившийся	несерьёзный
безответственный	равнодушный *к кому*	непостоянный
эгоистичный	грубый *к кому*	непрактичный
безвольный	пассивный *к чему*	

3. Дайте характеристику Маруси. Опишите её внешность, основные черты её характера. Дайте свою оценку характера Маруси. Какие чувства вызвала у вас эта девушка? Аргументируйте свой ответ. При ответе используйте информацию из текста повести и фильма.
4. Дайте характеристику старой княгини Приклонской. Что княгиня считала самым важным в человеке? Выразите согласие или несогласие с точкой зрения княгини. Аргументируйте свой ответ.
5. Вспомните и перечитайте спор княгини с детьми.

—Жаль только, что он... он такого низкого происхождения, — сказала княгиня, робко взглянув на дочь.

Княжна вспыхнула и пересела на другое кресло, подальше от матери. Егорушку тоже покоробило.

Бедность хоть кого научит! Ему не раз приходилось испытать на самом себе важничанье людей, которые были богаче его.

—В нынешние времена, муттер, — сказал он, — у кого есть голова на плечах и большой карман в панталонах, тот и хорошего происхождения,

◆ Цветы запоздалые

а у кого вместо головы седалище тела человеческого, а вместо кармана мыльный пузырь, тот... нуль, вот что! Я с удовольствием променял бы своё княжество на его голову и карман, — добавил Егорушка.

Маруся подняла на брата глаза, полные благодарности.

— Я сказала бы вам многое, татап, но вы не поймёте, — вздохнула она. — Вас ничем не разубедишь... Очень жаль!

С чьей точкой зрения вы согласны? Аргументируйте свой ответ.

6. Почему княгиня вначале не хотела приглашать доктора Топоркова к своим больным детям?

7. Вспомните и опишите последний визит доктора Топоркова к Приклонским.

Выскажите ваше мнение: легко ли было старой княгине пригласить доктора выпить вместе чаю? Что значил этот поступок старой княгини? Аргументируйте вашу точку зрения.

Как вёл себя доктор? Дайте вашу оценку его поведению. Что можно сказать о характере доктора, опираясь на этот фрагмент повести?

Почему доктор решил жениться? Как вы оцениваете поведение доктора в этой ситуации?

8. Как вы думаете, почему Маруся влюбилась в доктора, которого она почти не знала? Аргументируйте вашу точку зрения.

Как бы вы назвали чувство Маруси к доктору:

☐ это настоящая любовь, глубокая и сильная;

☐ это романтическая влюблённость;

☐ это простое увлечение молодой и неопытной девушки.

Аргументируйте свой ответ.

9. Какова была реакция Марусиной матери и брата, когда они узнали о том, что к Марусе сватается доктор Топорков? Как можно объяснить такую реакцию?

10. Какова была реакция Маруси, когда она узнала, что к ней сватается доктор Топорков? Опишите эмоциональное состояние девушки.

11. Что почувствовала Маруся, когда поняла, что не выйдет за доктора замуж, потому что доктор просит 60 тысяч, которых у её семьи не было?

Каковы были ваши чувства:

☐ я очень сочувствовал (-а) этой бедной девушке, мне было очень жаль её;

☐ я немного удивился (-лась), почему в этой ситуации у Маруси, как говорят, не «открылись глаза», и она не поняла, что за человек этот доктор;

☐ другие (какие?).

Объясните, почему у вас возникли именно такие чувства.

12. Что почувствовала Маруся, когда узнала, что доктор женился на другой женщине?

13. На ком женился доктор? Какие чувства доктор испытывал к своей жене? Почему?

14. Расскажите, как изменилась жизнь Маруси после смерти матери.

15. Выскажите ваше мнение: почему Маруся, почувствовав себя плохо, пошла на приём именно к доктору Топоркову, хотя знала, что он очень дорогой врач?

16. Опишите поведение Маруси и доктора во время её визитов к нему. Дайте оценку поведению доктора в этой ситуации.

17. Прочитайте отрывок из повести, где описывается сцена в кабинете доктора. Используйте лексический комментарий после текста.

— Я кончил, — сказал доктор. — Вы свободны.

Она повернула к нему своё лицо и посмотрела на него.

«Не гоните меня!» — прочёл бы доктор в её глазах, если бы был хоть маленьким **физиономистом**[1].

Из глаз её брызнули крупные слёзы, руки бессильно опустились по сторонам кресла.

— Я люблю вас, доктор, — прошептала она.

И красное зарево, как следствие сильного душевного пожара, разлилось по её лицу и шее.

— Я люблю вас! — прошептала она ещё раз, и голова её покачнулась два раза, бессильно опустилась и коснулась лбом стола.

А доктор? Доктор... покраснел первый раз за всё время своей практики. Глаза его замигали, как у мальчишки, которого ставят на колени. Ни от одной пациентки ни разу не слыхал он таких слов и в такой форме! Ни от одной женщины! Не ослышался ли он?

Сердце беспокойно заворочалось и застучало... Он **конфузливо**[2] *закашлялся.*

— Миколаша! — послышался голос из соседней комнаты, и в полуотворённой двери показались две розовые щеки его купчихи.

Доктор воспользовался этим зовом и быстро вышел из кабинета. Он рад был придраться хоть к чему-нибудь, лишь бы только выйти из неловкого положения.

⋄ Цветы запоздалые

Когда, через десять минут, он вошёл в свой кабинет, Маруся лежала на диване. Лежала она на спине, лицом вверх. Одна рука спускалась до пола вместе с прядью волос. Маруся была без чувств. Топорков, красный, со стучащим сердцем, тихо подошёл к ней и расстегнул её шнуровку. Он оторвал один крючок и, сам того не замечая, порвал её платье. Из всех оборочек, щёлочек и закоулочков платья посыпались на диван его рецепты, его карточки, визитные и фотографические...

Доктор брызнул водой в её лицо... Она открыла глаза, приподнялась на локоть и, глядя на доктора, задумалась. Её занимал вопрос: где я?

—Люблю вас! — простонала она, узнав доктора.

И глаза, полные любви и мольбы, остановились на его лице. Она глядела, как подстреленный зверёк.

— Что же я могу сделать? — спросил он, не зная, что делать... Спросил он голосом, который не узнала Маруся, не мерным, не отчеканивающим, а мягким, почти нежным...

Локоть её подогнулся, и голова опустилась на диван, но глаза всё ещё продолжали смотреть на него...

Он стоял перед ней, читал в её глазах мольбу и чувствовал себя в ужаснейшем положении. В груди стучало сердце, а в голове творилось нечто небывалое, незнакомое... Тысяча непрошенных воспоминаний закопошились в его горячей голове. Откуда взялись эти воспоминания? Неужели их вызвали эти глаза, с любовью и мольбой?

Он вспомнил раннее детство с чисткой барских самоваров. За самоварами и **подзатыльниками**[3] замелькали в его памяти **благодетели**[4], благодетельницы, **духовное училище**[5], куда отдали его за «голос». Духовное училище с **розгами**[6] и кашей с песком уступило место **семинарии**[7]. В семинарии латынь, голод, мечты, чтение, любовь с дочерью отца-эконома. Вспомнилось ему, как он, вопреки желаниям благодетелей, бежал из семинарии в университет. Бежал без **гроша**[8] в кармане, в истоптанных сапогах. Сколько прелести в этом бегстве! В университете голод и холод ради труда... Трудная дорога!

Наконец он победил, лбом своим пробил туннель к жизни, прошёл этот туннель и... что же? Он знает превосходно своё дело, много читает, много работает и готов работать день и ночь...

Топорков искоса поглядел на десяти- и пятирублёвки, которые валялись у него на столе, вспомнил барынь, от которых только что взял эти деньги, и покраснел... Неужели только для пятирублёвок и барынь он прошёл ту трудовую дорогу? Да, только для них...

И под напором воспоминаний осунулась его величественная фигура, исчезла гордая осанка и поморщилось гладкое лицо.

— Что же я могу сделать? — прошептал он ещё раз, глядя на Марусины глаза.

Ему стало стыдно этих глаз.

А что, если она спросит: что ты сделал и что приобрёл за всё время своей практики?

Пятирублёвки и десятирублёвки, и ничего больше! Наука, жизнь, покой — всё отдано им. А они дали ему княжескую квартиру, изысканный стол, лошадей, всё то, одним словом, что называется комфортом.

Вспомнил Топорков свои семинарские «идеалы» и университетские мечты, и страшною, невылазною грязью показались ему эти кресла и диван, обитые дорогим бархатом, пол, устланный сплошным ковром, эти бра, эти трёхсотрублёвые часы!

Он подался вперёд и поднял Марусю с грязи, на которой она лежала, поднял высоко, с руками и ногами...

— Не лежи здесь! — сказал он и отвернулся от дивана.

И, как бы в благодарность за это, целый водопад чудных льняных волос полился на его грудь... Около его золотых очков заблистали чужие глаза. И что за глаза! Так и хочется дотронуться до них пальцем!

— Дай мне чаю! — прошептала она.

Лексический комментарий

[1] **физиономи́ст** — человек, который по мимике хорошо умеет определять чувства другого человека;

[2] **конфу́зливо** — стыдливо, застенчиво;

[3] **подзаты́льник** — удар по затылку;

[4] **благоде́тель (-ница)** — человек, который оказывает помощь, покровительство другому человеку из милости;

[5] **духо́вное учи́лище** — училище для подготовки служителей церкви низшего звена;

[6] **ро́зга** — срезанная тонкая ветка дерева, которая используется как инструмент наказания (розгой бьют человека, который наказан);

[7] **семина́рия** — учебное заведение для подготовки служителей церкви;

[8] **грош** — старинная медная монета в полкопейки, позднее — в две копейки.

18. Ответьте на вопросы.

    а) Какова была реакция доктора на признание Маруси?

    б) Как меняется доктор, после того как услышал «я люблю вас, доктор» от Маруси? Как меняется его внешность? Как меняется его голос? Как меняется его поведение?

❧ Цветы запоздалые

в) Что нового вы узнали о прошлом доктора? Помогает ли это понять характер доктора, объяснить мотивы его поведения? Как? Подробно аргументируйте свой ответ.

19. Объясните, как вы понимаете значение словосочетания *потерять себя*.

Почему доктор Топорков говорит, что он *потерял себя*? Вашу точку зрения аргументируйте.

20. Прочитайте, о чём думала и мечтала Маруся, когда шла к доктору.

У него в кабинете так хорошо, так уютно! Особенно хорош диван, который стоит в глубине кабинета. На этом диване она желала бы посидеть с ним и потолковать о разных разностях, пожаловаться, посоветовать ему не брать так дорого с больных. С богатых, разумеется, можно и до́лжно брать дорого, но бедным больным нужно делать уступку.

«Он не понимает жизни, не может отличить богатого от бедного, — думала Маруся. — Я научила бы его!»

Из двух утверждений, данных ниже, выберите то, которое вы считаете правильным:

☐ у Маруси получилось бы изменить доктора, под влиянием любви он стал бы мягче, добрее к людям. Любовь всё может!;

☐ у Маруси не получилось бы изменить доктора. Его характер уже сформировался, и этот характер не изменится, даже под влиянием такого сильного чувства, как любовь.

Аргументируйте свой выбор.

21. Зачем доктор повёз Марусю во Францию, ведь он как врач прекрасно понимал, что Маруся скоро умрёт? Ваше мнение аргументируйте.

22. Прочитайте отрывок из книги С.Л. Рубинштейна «Основы общей психологии» (Часть пятая, глава XVII. Эмоции).

Одно какое-нибудь чувство, ставшее особенно значительным переживанием для данной личности, может определить как бы новый период в её жизни и наложить на весь её облик новый отпечаток.

Опишите жизнь доктора после смерти Маруси. Выскажите ваше мнение: какой отпечаток наложило на доктора перенесённое эмоциональное переживание — любовь к Марусе? Как изменился доктор?

23. Почему доктор взял Егорушку к себе? Как вы оцениваете этот поступок доктора?

Задание 8. а) Составьте психологический портрет доктора Топоркова. Используйте лексику и модели из таблицы.

Модели с прилагательными

*кто **каков** (**какова**)*	◆ замкнут (-а) ◆ уверен (-а) в себе ◆ настойчив (-а) в достижении поставленной цели ◆ застенчив (-а) в некоторых ситуациях ◆ неразговорчив (-а) ◆ требователен (-льна) к себе
*кто **каков** (**какова**) по отношению к кому* *кто **каков** (**какова**) в чём*	◆ равнодушен (-а) по отношению к другим ◆ осторожен (-а) в принятии решений
*кто **какой человек***	◆ эмоционально напряжённый человек ◆ рациональный человек ◆ малообщительный человек ◆ тревожный человек ◆ волевой человек ◆ целеустремлённый человек
внутренне / внешне** кто **какой человек	◆ внутренне очень напряжённый и нервный человек
*кто (**не**) **склонен** (-**а**) к чему*	◆ к отвлечённым размышлениям ◆ к мечтательности ◆ к замкнутости ◆ к одиночеству
*кто (**не**) **склонен** (-**а**) **делать** что-то*	◆ планировать свои действия ◆ всё доводить до конца, не отклоняясь от намеченного плана
*кому (**не**) **присуще** (ø; -**а**, -**и**) что*	◆ замкнутость в себе ◆ серьёзность ◆ рассудочность ◆ прямота в высказываниях ◆ невозмутимость ◆ умение скрывать свои чувства ◆ отсутствие сомнений в себе

◆ Цветы запоздалые

*кому (**не**) свойственно* (∅; *-а*, *-ы*) *что*	• умение владеть собой • разумная осторожность • постоянство • умение преодолевать трудности • готовность идти на контакт с людьми • отсутствие интереса к внешнему миру и погружённость в себя • стремление из всего извлекать выгоду • стремление постоянно быть одному, всё делать в одиночестве
*кто (**не**) способен (**-бна**) на что*	• на компромисс • на уступки
*кто (**не**) способен (**-бна**) к чему*	• к состраданию и сочувствию
*кто (**не**) способен (**-бна**) делать что*	• искренне радоваться за других • внимательно слушать • чувствовать тончайшие оттенки настроения других людей • управлять своими чувствами

Модели с глаголами

*кто **отличается** чем*	• отличаться незначительным внешним выражением чувств • отличаться глубиной и устойчивостью чувств
*кто (**не**) **чувствует** / **ощущает** что* (В. п.)	• остро ощущать чужую боль • тонко чувствовать настроение людей
*кто **нуждается** в чём кто **испытывает потребность** в чём*	• нуждаться в человеческом тепле • испытывать потребность в общении / в любви / во внимании
*кто **предпочитает делать** что*	• предпочитать скрывать своё внутреннее состояние • предпочитать скрывать свою личную жизнь от посторонних • не доверять своим чувствам

б) Дайте оценку личности доктора Топоркова. Какие чувства вызвал у вас этот человек? Аргументируйте свою оценку.

Задание 9. Выразите согласие или несогласие с утверждением, данным ниже. Вашу точку зрения аргументируйте.

Проблема доктора Топоркова в том, что он похож на старую княгиню, потому что при знакомстве с людьми он обращает внимание в первую очередь на их *происхождение, на наличие у них денег*. Из-за этого он не полюбил Марусю раньше. Он видел в ней только княжну, а не *человека*, не красивую и добрую девушку.

Задание 10. а) Объясните, как вы понимаете значение словосочетания *неравный брак*. Выделите разные стороны этого понятия.

Выскажите ваше мнение: могут ли создать счастливую семью люди, принадлежащие к разным социальным слоям? Аргументируйте вашу точку зрения, приведите известные вам примеры из жизни. (Используйте информацию из фильма или повести «Цветы запоздалые».)

б) Познакомьтесь с материалами интернет-форума на тему «Возможен ли счастливый брак между людьми из разных социальных слоёв?». Обращайте внимание на примечания в правой колонке и слова, выделенные в тексте.

Неравный брак

№ 1   Автор: **Большой Грызь**   Дата: 17-08-02, Сбт, 02:45:22

Известно, что семьи в большинстве своём образуются из **людей одного круга**, примерно равного достатка. А могли бы вы **полюбить человека** (создать с ним семью) гораздо более бедного или богатого, **без оглядки на его положение**. И какова основа и прочность такой семьи?

> лю́ди одного́ кру́га = люди из семей равного достатка
> полюби́ть челове́ка без огля́дки на его́ положе́ние (социа́льный ста́тус)

№ 2   Автор: **pashaSokol**   Дата: 17-08-02, Сбт, 03:39:18

Грызь, не в достатке или бедности дело. Дело в душе человека. Извини меня за старую поговорку, которой уже нет места в сегодняшней жизни «**С милым рай и в шалаше**», но я придерживаюсь этой пословицы, потому что в ней есть что-то вечное.

> с ми́лым рай и в шалаше́ — русская пословица
> шала́ш — временное сооружение из веток, в котором можно, например, летом провести ночь в лесу

↩ Цветы запоздалые

| № 3 | Автор: **Просто Лёва** | Дата: 17-08-02, Сбт, 11:22:02 |

Эх, Грызь...

Встречался я как-то с девушкой из слоя ниже моего... То есть не моего конкретно (у меня пока ничего нет), а по сравнению с родительским домом. Сбежал я... всё-таки разбаловаться легко.

Да и разными мы были... Во всём. Нет, люди... По опыту знаю, что это большая проблема, когда буржуй приводит в дом крестьянку.

| № 4 | Автор: **Chipa** | Дата: 17-08-02, Сбт, 13:27:47 |

Союз людей разных социальных слоёв почти всегда **обречён на** неудачу. Дело не в квартире или машине. Дело в совершенно различной психологии жизни. Согласитесь, если человек вырос в семье, где никогда не было проблемы голода, где никогда не стоял выбор: машина или учитель, ну и так далее, у него будет психология, совершенно отличная от психологии того, кто вырос в условиях борьбы за выживание.

Поэтому, кстати, брак богатого с бедной ещё имеет какие-то шансы, а брак бедного с богатой почти наверняка обречён.

кто / что **обречён** *на что* (на неудачу, на провал, на смерть и т. д.)

| № 5 | Автор: **Domovenok** | Дата: 17-08-02, Сбт, 13:41:47 |

Тут дело не в статусе, а в психологии. В том, что ребёнок видел с детства. И если девушка привыкла к шубкам и к дорогим машинам, то зачем ей простой рабочий?

| № 6 | Автор: **Gven** | Дата: 17-08-02, Сбт, 17:43:52 |

Имхо, у неравного брака очень мало шансов на выживание. Дело тут в том, как ребёнка воспитывали, что в его душе на первом месте поставлено, какие приоритеты в жизни, каким он вырос... У меня перед глазами пример моей двоюродной сестрицы... Нет, ребята, **мало шансов у таких браков.**

ИМХО — сокращение, принятое в письменной речи в Интернете; **ИМХО** = по моему скромному мнению (от англ. In My Humble Opinion, **IMHO**)

у кого / чего **ма́ло / мно́го ша́нсов** *на что* — у неравного брака мало шансов (на выживание)

№ 7 Автор: **Красотка**	Дата: 18-08-02, Вск, 02:39:35

 Думаю, дело тут не в чисто экономическом, а в **социально-экономическом различии, когда ценности**, отнюдь не материальные, **у людей разные. Разное воспитание, окружение, представления о жизни**... Ну, не верю я в счастье аристократа/тки с человеком из простого народа, даже если денег у них одинаковое количество... При чём тут деньги? Ведь «неравность» чаще всего не этим обусловливается, или я уже отстала от жизни, или не понимаю чего?

социа́льно-экономи́ческие разли́чия
у кого **ра́зные / одина́ковые воспита́ние, окруже́ние, представле́ния о жи́зни, це́нности**

№ 8 Автор: **Garans**	Дата: 18-08-02, Вск, 13:54:08

 Нет рецептов. Если есть любовь, которая выше всего этого поднимет, то пройдёт вся эта **бытовуха**. Если нет — **на нет и суда нет**...

бытову́ха (*прост. от* быт) — повседневная жизнь с её постоянными проблемами и заботами
на нет и суда́ нет — русская поговорка; говорят, когда мирятся с отсутствием чего-либо или с чьим-либо отказом (обычно при ответе «нет»)

№ 9 Автор: **Тата**	Дата: 19-08-02, Пнд, 14:44:06

 А ведь понятие «неравный брак» — это не только «богатый — бедный», есть и другие стороны. Например, он — лауреат Нобелевской премии в области философии, она — дочь хозяина самой лучшей мясной лавки на базаре. Допустим, что материальное положение у них примерно одинаковое, НО **у них совершенно разные взгляды на жизнь**, во всём... Должна быть очень сильная любовь и желание изменить и **подстроиться один под другого**, чтоб такая семья выжила...

у кого **ра́зные / одина́ковые взгля́ды на жизнь**
кто **подстра́ивается** *под кого / что* = *кто* приспосабливается *к кому / чему*

№ 10 Автор: **Золотая рыбка**	Дата: 19-08-02, Пнд, 16:19:14

 Дааа!!! Сложная и непредсказуемая штука — жизнь.
Бывает, что выросли в одном дворе, учились в одном классе, родители обоих из интеллигенции, любили друг друга с первого класса, женятся

71

⬤ Цветы запоздалые

после окончания института, в котором учились в одной группе. А в итоге разводятся после года совместной жизни.

Или наоборот, казалось бы, совершенно разные люди живут вместе долго и счастливо. Наверно, прежде всего надо выбирать себе для жизни человека, который будет хорошим другом, который будет им «и в радости, и в горе».

№ 11 Автор: **Тата**   Дата: 19-08-02, Пнд, 17:05:35

Схожий социальный статус не только не является достаточным, я б не назвала его даже **необходимым условием для счастливого брака**. Но большая разница, безусловно, **создаёт дополнительные проблемы**, хотя и разрешимые при сильном и обоюдном желании.

схо́жий социа́льный ста́тус = схожее социальное положение
необходи́мое усло́вие для счастли́вого бра́ка
создава́ть дополни́тельные пробле́мы

в) Точка зрения кого из участников форума вам ближе всего? С какой точкой зрения вы категорически не согласны? Аргументируйте свой ответ.

Ответьте на вопрос: изменилось ли ваше мнение в отношении неравного брака после того, как вы познакомились с мнениями участников форума? Ваш ответ аргументируйте. При ответе используйте лексику и конструкции из текста форума, особое внимание обратите на лексику и конструкции из правой колонки.

Задание 11. а) Прочитайте текст «Мезальянс, или Неравный брак». Обращайте внимание на примечания в правой колонке и слова, выделенные в тексте. Ответьте на вопрос: каково отношение автора к неравным бракам? Возможны ли, с точки зрения автора, счастливые браки между людьми разного социального статуса? Какие аргументы приводит автор? Какие примеры?

МЕЗАЛЬЯНС, ИЛИ НЕРАВНЫЙ БРАК

Человеческое никогда не отпустит человека. Брак и всё, что с ним связано, — вечный вопрос. «Жениться! Жениться или не жениться? Ведь мне уж скоро 75!»

Как только человек даёт себе утвердительный ответ, возникает вопрос: «На ком?» Ведь нужно угодить всем: и себе, и избраннику, и родственникам, и, что немаловажно, общественному мнению.

«Неравный брак» — хорошая тема для развлечения праздной публики, которая с радостью и определённой благодарностью подхватывает «жареные» новости. Но если оставить в стороне эти житейские мелочи, то всё же интересно **поразмыслить** над подобным феноменом. Проблема неравного брака возникла не сегодня. Поэтому и смысл в это понятие вкладывался вполне определённый: **брак между людьми с различным социальным статусом**. Безусловно, отсюда вытекали и многие другие отличия: **разница в доходах, образовании, системе ценностей, привычках, вкусах, речи (произношении и акценте) и, наверное, в чём-то ещё**. Сегодня я бы добавил ещё целый ряд критериев неравенства в браке: возраст, этническая и конфессиональная принадлежность, гражданство, должность... Я думаю, читатель и сам может продолжить список, тем более отталкиваясь от какой-нибудь конкретной ситуации. Но каким бы ни был наш список критериев, остаётся главный вопрос: как найти «общий знаменатель», ту общность, которая делает брак равным, счастливым, необъяснимо цельным, несмотря ни на какие формальные признаки в отличии между супругами?

«Браки должны заключать равные». Но в том-то и вопрос сегодня: что есть «равные»? Меня когда-то потряс рассказ Юрия Нагибина «Квасник и Буженинова». Боюсь что-либо перепутать, но нет под рукой текста, простите. Квасник — это князь Голицын, знатный и богатый потомок древнего дворянского рода, высокий, статный красавец. Буженинова — чуть ли не **карликовая** уродина-крепостная. Русская императрица Анна Иоанновна уж не помню, с какой целью: отомстить или унизить, — поженила этих явно неравных людей. И ещё приказала им провести первую брачную ночь в Ледяном доме, **на потеху** отлитом в зимнем Санкт-Петербурге. А чтоб никто не помешал молодым, — приставила стражу.

поразмы́слить *над чем* = подумать *над чем*

ра́зница *в чём*
в доходах
в образовании
в системе ценностей
в привычках
во вкусах
в речи (произношении и акценте)
в возрасте
в этнической принадлежности
в конфессиональной принадлежности

ка́рлик — человек очень низкого роста; **карликовый** — очень низкий

на поте́ху = для смеха

☙ Цветы запоздалые

Она надеялась утром обнаружить две свежемороженые тушки. Знатный дворянин был **тюхтей**. Это все знали. А «маленькая уродина» оказалась мудрой и мужественной женщиной. Она запаслась перед первой брачной ночью драгоценностями мужа и подкупила стражу (все мы люди...), взяв у неё тёплый **тулуп**. Эти два несовместимые по всем параметрам человека прожили долгую и счастливую жизнь. Что определило **родство** и радость **их душ**?

В наше время принято многое оправдывать любовью. Любовь — это действительно великое чувство. Но!!!! Это чувство, эмоция. Оно проходит и часто даже меняет свой знак на противоположный. И что тогда? Развод? **Не сошлись характером?** А как же любовь? Даже **взаимная страстная любовь** не должна **быть решающим фактором при заключении брака**. Пусть будет, но если её нет или если она прошла, так что — не жить, не жениться, не рожать детей, не воспитывать их, разводиться...

Но и без любви брак невозможен. Только речь идёт не о любви-страсти, а о любви-жертвенности, любви-долге, любви-ответственности. А любовь-страсть, как огонь зависит от погоды: то вспыхнет в жару и под порывами ветра, то утихнет, а то и совсем угаснет под **ливнем**. Но чтобы этого не произошло, нужно поддерживать микроклимат в доме.

Так что же, на мой взгляд, важно для брака:

Духовное равенство, которое определяется общей **системой ценностей** или **значимостью и пониманием важности системы ценностей одного для другого с обеих сторон**.

Психологическое равенство, которое определяется приблизительным **равенством темпераментов** (кстати, легко определить по школьному тесту Айзенка).

Личностное равенство, определяющееся силой характеров, волей.

тю́хтя (*прост.*) — слабый, безвольный человек

тулу́п — зимняя верхняя одежда

(не) сойти́сь хара́ктером *с кем*

ли́вень — сильный дождь

о́бщая систе́ма це́нностей
зна́чимость и понима́ние ва́жности систе́мы це́нностей одного́ для друго́го

ра́венство темпера́ментов

Физиологическое равенство, которое я не стану объяснять.

Если есть равенство по этим «параметрам», то никакие формальные признаки не в счёт.

Предупреждаю, что возможны и часто встречаются «**комплементарные браки**», когда супруги как бы **дополняют друг друга**: высокий и низкий (неважно, кто: он или она), толстый и тонкий, умный и глупый, бедный и богатый, образованный и необразованный.

дополня́ть друг дру́га

К тому же я совершенно не рассматриваю браки, в которых **стерпелось — слюбилось**. Уродства в жизни хватает...

Я предупреждаю, что высказываю лишь своё мнение. Я не боюсь, что меня будут критиковать. Я рад диалогу и обмену мнениями, взаимообогащению.

сте́рпится — слю́бится — русская пословица со значением 'супруги начнут жить вместе, будут вначале терпеть недостатки друг друга, а потом к ним придёт любовь'

Евгений Смотрицкий, философ
(По http://www.mnw.ru/love13.html)

б) Прочитайте текст ещё раз. Скажите, что, по мнению автора, является обязательным условием для счастливого брака.

в) Выскажите ваше согласие или несогласие с точкой зрения автора. Аргументируйте свой ответ. При ответе используйте лексику и конструкции из текста, особое внимание обратите на лексику и конструкции из правой колонки и выделенные в тексте слова.

Задание 12. Вспомните историю Маруси и доктора Топоркова. Опираясь на материалы интернет-форума и книги «Мезальянс, или Неравный брак», выскажите ваше мнение: были бы герои повести А.П. Чехова счастливы в браке? Подробно аргументируйте ваше мнение. При ответе используйте лексику и конструкции из **заданий 10**, 11.

Задание 13. а) При желании вы можете познакомиться с данным ниже письмом читательницы в интернет-газету, а также с ответом психолога Риты Миллер на это письмо. При чтении обращайте внимание на примечания в правой колонке.

❧ Цветы запоздалые

Опираясь на название письма, скажите, с какой проблемой читательница обратилась к психологу.

ОН МНЕ НЕ РОВНЯ

14:39 / 19.5

Здравствуйте, Рита! Вот увидела Вашу рубрику и решила написать о последних событиях моей жизни.

До недавнего времени я жила во втором браке, который можно было назвать довольно удачным.

Не пьет, не гуляет, домашний, с друзьями по пивнушкам не ходит. По дому во всём помогает. А любит — так просто без ума.

Прожили мы так почти 4 года. Было и хорошее, и плохое. В трудные минуты поддерживал меня. Но было что-то не то...

Он младше меня на 4 года. Получается такой маленький сыночек. Рос без родителей, с бабушкой. В 15 лет остался совсем один.

Пришёл из армии, жил, работал, встречался с кем-то...

А тут я на горизонте. Обогрела, приласкала, вот он и влюбился. Да и я его полюбила. Когда мы познакомились, ему было 22, а мне 26. Подходил он мне во всём: покладистый, послушный, всё было по-моему. А мне этого и надо было.

Но мне говорили: «Он не из твоего круга». А я никого не слушала.

Да, это было так. Я училась во втором институте, на юриста, по первому образованию я педагог. Умная, красивая, образованная. Потом получила довольно неплохую работу, постепенно пошла вверх. А он...

С грехом пополам закончил какое-то училище, да и то за него сама писала все курсовые и с преподавателями договаривалась. А дальше учиться не хотел, хотя я обещала во всем ему помогать.

Работал то там, то там. Но финансовые вопросы меня не беспокоили, на жизнь нам вполне хватало.

ро́вня = человек, равный другому (по происхождению, социальному положению, знаниям)

с грехо́м попола́м = с большим трудом

Умудрялись и ремонт делать, и мебель покупать, и летом на море ездить.

Но все равно было что-то не то...

В какой-то момент я поняла, что без удовольствия стала ходить с ним куда-либо. Он не вошёл в круг моего общения. Я уже занимала руководящую должность, а он был простой рабочий. Многое не понимал в этой жизни. Вот он и социум.

И тут я познакомилась с мужчиной моей мечты!!! В прямом смысле этого слова. Я не думала, что такое может быть. То есть ко всем плюсам моего второго мужа прибавлялось и высшее образование, и положение в обществе, и солидность, и возраст, и даже материальный достаток. И самое главное: ЛЮБОВЬ!!!

Сейчас я живу со своим любимым человеком и ни о чём не жалею.

*И на 30-м году жизни я поняла, что «СОЦИУМ» имеет большое значение в нашей жизни. **Не моего поля он был ягодка**. Я готова была с ним жить и с таким, если бы он мог жить со мной такой. А он стал ревновать меня к работе, к моему образу жизни. Не мог он понять, как можно к чему-то стремиться, как можно просто обожать свою работу.*

Так что просто хочется сказать, прежде чем связывать свою жизнь с кем-то, подумайте, сможете ли вы быть вместе, несмотря на всю любовь.

Теперь, когда при мне говорят, что главное: была бы любовь, а остальное всё переживём, — я просто улыбаюсь. Как это наивно!!!

С уважением, Ирина

Конечно, с тем, что социум занимает важное место в нашей жизни, спорить трудно. И даже глупо. Мы все знаем определение человека как «общественного животного». Мы все обладаем волей и свободой выбора, всем нам важно, чтобы было «не хуже, чем у людей».

кто **не моего́** / **твоего́** / **его́** / **её по́ля я́годка** — русская поговорка со значением 'кто отличается от меня / тебя / его / её по происхождению / образованию / взглядам на жизнь и т. д.'

❧ Цветы запоздалые

Однако семья для того и придумана, чтобы было место, где бы ты мог укрыться от социума, его бесконечных информационных потоков, моды, политики, да и просто посторонних взглядов. Частная жизнь — это место, где человек может, наконец, перестать выполнять свои социальные функции и стать самим собой.

Мне кажется, «проблема» Ирины состоит в том, что она смотрит на себя как бы извне, взглядом «со стороны». Если тебе хорошо с человеком, ты никогда не задумываешься: **к какой социальной категории он принадлежит**, какие у него политические взгляды и какую музыку он слушает. Когда людям хорошо друг с другом, то это не имеет никакого значения.

кто **принадлежи́т** *к какой* **социа́льной катего́рии**

Все зависит от того, как к этой самой социальной разнице относиться. Большинство из нас, между прочим, тоже **не голубой крови** и не в Оксфордах воспитывались. Просто ты или хочешь жить с человеком, и тогда не замечаешь некоторые его **заморочки**, или тебе не хочется жить с этим конкретным человеком, и тогда **тебя всё в нём раздражает**. И ты готова взорваться при первой же возможности, вспыхнуть, как спичка, от одного, будто бы нечаянно сказанного слова.

не голубо́й кро́ви = не аристократ по происхождению

заморо́чки (*прост.*) — странности, причуды

кого **раздража́ет** *что в ком / в чём* = не нравится, злит

Дело же не в том, что Ира и её муж из разных социальных слоёв, а в том, что Ира встретила другого человека. Потому что до этого её вполне устраивала игра в заботливую мамочку, усыновившую одинокого человека. Но потом она в неё наигралась, а новая игра так и не подоспела. Зато подоспел какой-то новый человек, и Ирина с лёгкостью сменила одного мужчину на другого.

Это говорит только о том, что её бывший муж так и **не стал для неё родным человеком**. Виноват он в этом или нет — другой вопрос, мы сейчас не об этом говорим. Просто он занял место человека, с которым Ирине не было комфортно. Теперь неса-

ста́ть родны́м челове́ком / родны́ми людьми́ *для кого*

модостаточным объявляется второй брак. Осталось немного подождать, чтобы понять, какими эпитетами Ира наградит свои нынешние отношения, когда они войдут в привычку и когда страсть притупится.

Поживём — увидим.

(По http://www.dni.ru)

б) Перечитайте письмо Ирины ещё раз, а также ответ Риты. Прокомментируйте ответ Риты. С чем вы согласны, а что в ответе Риты вызывает у вас возражение. Аргументируйте свой ответ, используя следующие конструкции.

Мне кажется, Рита права, когда говорит, что...	*Мне кажется, Рита не права, когда говорит, что...*
Я согласен (-сна) с Ритой в том, что...	*Я не могу согласиться с Ритой в том, что...*
Утверждение Риты, что ... , кажется мне верным. Действительно, ...	*Я бы не стал (-а) так категорично утверждать, что...* *Тут бы я поспорил (-а) с Ритой. Дело в том, что...*

в) Что бы вы ответили Ирине, если бы она написала такое письмо вам?

г) Как вы считаете, существует ли «образовательный» или «интеллектуальный» мезольянс?

Задание 14. Разделите тетрадь пополам. В левую колонку запишите причины, по которым браки между людьми с различным социальным статусом часто обречены на неудачу, в правую колонку — плюсы таких браков, а также способы преодолеть трудности, возникающие из-за того, что супруги принадлежат к разным социальным группам. Используйте материалы текстов **заданий 10, 11, 13**.

Сравните ваши записи с записями ваших товарищей. Разделитесь на две группы: 1) те, кто считает, что браки между людьми с разным социальным статусом часто обречены на неудачу; 2) те, кто считает, что браки между людьми с разным социальным статусом могут быть счастливыми и продолжительными.

Проведите дискуссию. Цель спора — убедить ваших товарищей из другой группы в правильности вашей точки зрения. Используйте ваши записи.

Задание 15. Выполните задания, данные ниже.

а) Выскажите ваше мнение: может ли повториться ситуация, описанная в повести А.П. Чехова «Цветы запоздалые» в наше время? Аргументируйте ваше мнение, приведите примеры.

б) Напишите сочинение (письменное высказывание) по повести А.П. Чехова «Цветы запоздалые».

Часть 4
ТОСКА

В этой части пособия вы познакомитесь с рассказом А.П. Чехова «Тоска».

Задание 1. а) Познакомьтесь со значением слова *тоска*.

Тоска — психологическое состояние, заключающееся в подавленности, чувстве печали, тревоги, упадке сил.

> **тоскова́ть** *по кому / чему*
> **испы́тывать тоску́** *по кому / чему*
> *кто* **в тоске́**
> *у кого* **тоска́**
> *кому* **тоскли́во**

б) По словарю определите значение приведённых ниже слов. Выберите слова, которые называют эмоциональное состояние, похожее на тоску.

Скука, подавленность, гнев, веселье, депрессия, грусть, меланхолия, радость, ярость, хандра, беспокойство, уныние, волнение, печаль.

Переведите на родной язык эти слова.

в) Скажите, когда, в какие моменты жизни у человека бывает тоска? Что может быть причиной тоски?

г) Прочитайте эпиграф к рассказу «Тоска»: *«Кому **повем*** *печаль мою?»*

Повем — в русском языке устаревшая форма 1-го л. ед. ч. от глагола **поведать** = рассказать.

Опираясь на название и эпиграф, предположите, о чём может быть рассказ А.П. Чехова.

Задание 2. Рассказ А.П. Чехова был написан в 1886 году. Главный герой рассказа — Иона Потапов. Он крестьянин, но работает в городе извозчиком.

После крестьянской реформы 1861 года (отмены крепостного права) многие крестьяне, ставшие свободными людьми, уходили на заработки в город: в деревне не было возможности заработать достаточно денег, чтобы обеспечить семью. В частности, многие мужчины работали извозчиками, потому что у большинства крестьян были свои лошади.

Прочитайте новые слова, которые встретятся вам в тексте. Познакомьтесь со значением этих слов, в случае необходимости обратитесь к словарю.

Изво́зчик — «водитель» транспорта с лошадью и экипажем / санями / повозкой;

ко́злы — сиденье (место) для извозчика в передней части саней / кареты / экипажа;

са́ни — раньше в России: зимнее транспортное средство; теперь — используется зимой для развлечения;

ку́чер — как современный таксист, но не на машине, а на транспорте с лошадью;

каре́та — большой закрытый экипаж на рессорах (использовался обеспеченными, богатыми людьми);

кнут — плотно перевитые (связанные) верёвки или ремни, прикреплённые к рукояти (обычно из дерева); кнутом погоняли животное, чтобы заставить его двигаться;

во́жжи — ремни и верёвки, которые используются для управления лошадью;

коню́шня — помещение (дом) для лошадей;

се́но — скошенная и высушенная трава для корма животных;

овёс — (Р. п. — овса) — растение, зёрна которого используют в качестве корма для лошадей;

седо́к — *здесь*: пассажир извозчика;

кобы́ла — самка лошади;

жеребёнок — детёныш (ребёнок) лошади.

Задание 3. Вспомните значение суффиксов *-онк-* (*-ёнк-*), *-очк-* (*-ечк-*), *-ек*, *-к-*.

а) Прочитайте слова, данные ниже. Выделите в них суффиксы. Образуйте новые слова от слов в левой колонке по модели, используя суффиксы *-онк-* (*-ёнк-*), *-очк-* (*-ечк-*), *-ек*, *-к-*.

существительное	-к-	-онк- / -ёнк-
лошадь	лошад**к**а	лошад**ёнк**а
собака		
комната		
работа		
машина		—
одежда	—	
	-к-	**-очк- / -ечк-**
кобыла	кобыл**к**а	кобыл**очк**а
Нина		
Валя		
	-онк- / -ёнк-	**-очк- / -ечк-**
кофта	кофт**ёнк**а	кофт**очк**а
книга		
рубашка		
шапка		
	-ек- (к // ч)	
жеребёнок	жеребёно**ч**ек	
ребёнок		
котёнок		
щенок		

 Тоска

б) Составьте словосочетания со словами *лошадка, кобылка, лошадёнка, кобылочка*.

Используйте прилагательные: *худая, милая, маленькая, угловатая* (= с остро выступающими костями), *любимая, неказистая* (= внешне непривлекательная), *красивая, хорошая, глупая*.

Попробуйте объяснить, почему вы выбирали то или иное прилагательное.

в) Прокомментируйте, как эти суффиксы помогают понять, каково отношение говорящего к предмету речи.

Задание 4. а) Прочитайте рассказ А.П. Чехова «Тоска». Обратите внимание, что главный герой рассказа — крестьянин, поэтому в тексте много просторечных слов. При чтении обращайте внимание на комментарии справа.

ТОСКА

*Кому повем печаль
мою?..*

(1) Вечерние **сумерки**. Крупный мокрый снег лениво кружится около только что зажжённых фонарей и тонким мягким пластом ложится на крыши, лошадиные спины, плечи, шапки. Извозчик Иона Потапов весь бел, как привидение. Он согнулся, насколько только возможно согнуться живому телу, сидит на ко́злах и не шевельнется. Упади на него целый сугроб, то и тогда бы, кажется, он не нашёл нужным стряхивать с себя снег... Его лошадёнка тоже бела и неподвижна. Своею неподвижностью, угловатостью форм и палкообразной прямизною ног она даже вблизи похожа на копеечную пряничную лошадку. Она, по всей вероятности, погружена в мысль. Кого **оторвали от плуга***, от привычных серых картин и бросили сюда в этот омут, полный чудовищных огней, неугомонного треска и бегущих людей, тому нельзя не думать...

Иона и его лошадёнка не двигаются с места уже давно. Выехали они со двора ещё до обеда, а **почина** всё нет и нет. Но вот на город спускается вечерняя

су́мерки — время между заходом солнца и наступлением полной темноты (ночи)

плуг — орудие труда крестьянина, с помощью плуга пахали землю (*см. также примечание после текста*)

почи́н = начало

мгла. Бледность фонарных огней уступает своё место живой краске, и уличная суматоха становится шумнее.

(2) — Извозчик, на Выборгскую! — слышит Иона. — Извозчик!

Иона вздрагивает и сквозь ресницы, облепленные снегом, видит военного в шинели с капюшоном.

— На Выборгскую! — повторяет военный. — Да ты спишь, что ли? На Выборгскую!

В знак согласия Иона дергает вожжи, отчего со спины лошади и с его плеч сыплются пласты снега... Военный садится в сани. Извозчик чмокает губами, вытягивает по-лебединому шею, приподнимается и больше по привычке, чем по нужде, машет кнутом. Лошадёнка тоже вытягивает шею, кривит свои палкообразные ноги и нерешительно двигается с места...

— **Куда прёшь**, леший! — на первых же порах слышит Иона возгласы из темной, движущейся взад и вперед массы. — Куда черти несут? **Пррава держи!**

— Ты ездить не умеешь! Права держи! — сердится военный.

Бранится кучер с кареты, злобно глядит и стряхивает с рукава снег прохожий, перебегавший дорогу и налетевший плечом на морду лошадёнки. Иона ёрзает на козлах, как на иголках, тыкает в стороны локтями и водит глазами, как угорелый, словно не понимает, где он и зачем он здесь.

— Какие все подлецы! — острит военный. — Так и **норовят** столкнуться с тобой или под лошадь попасть. Это они сговорились.

Иона оглядывается на седока и шевелит губами... Хочет он, по-видимому, что-то сказать, но из горла не выходит ничего, кроме сипенья.

— Что? — спрашивает военный.

мгла = темнота

куда прёшь! = куда идёшь (едешь)!

переть — грубопросторечный глагол движения

права держи! = поезжай по правой стороне!

браниться — ругаться

норовить (*прост.*) — настойчиво стремиться сделать что-нибудь или добиться чего-нибудь

Иона кривит улыбкой рот, напрягает своё горло и **сипит**:

— А у меня, барин, тово... сын на этой неделе помер.

— Гм!.. Отчего же он умер?

Иона оборачивается всем туловищем к седоку и говорит:

— А кто ж его знает! Должно, от **горячки**... Три дня полежал в больнице и помер... Божья воля.

— Сворачивай, дьявол! — раздаётся в потёмках. — **Повылазило, что ли, старый пёс?** Гляди глазами!

— Поезжай, поезжай... — говорит седок. — Этак мы и до завтра не доедем. Подгони-ка!

Извозчик опять вытягивает шею, приподнимается и с тяжёлой грацией взмахивает кнутом. Несколько раз потом оглядывается он на седока, но тот закрыл глаза и, по-видимому, **не расположен** слушать. Высадив его на Выборгской, он останавливается у трактира, сгибается на козлах и опять не шевельнется... Мокрый снег опять **красит набело** его и лошадёнку. Проходит час, другой...

(3) По тротуару, громко стуча калошами и **перебраниваясь**, проходят трое молодых людей: двое из них высоки и тонки, третий мал и горбат.

— Извозчик, к Полицейскому мосту! — кричит дребезжащим голосом горбач. — Троих... **двугривенный**!

Иона дергает вожжами и чмокает. Двугривенный **цена не сходная**, но ему не до цены... Что рубль, что пятак — для него теперь всё равно, были бы только седоки... Молодые люди, толкаясь и **сквернословя**, подходят к саням и все трое сразу лезут на сиденье. Начинается решение вопроса: кому двум сидеть, а кому третьему стоять? После долгой перебранки, капризничанья и попреков приходят к решению, что стоять должен горбач, как самый маленький.

сипе́ть — говорить с хрипом, тихо (так, как будто болит горло)

горя́чка = грипп

повыла́зило, что ли, ста́рый пёс? — ругательство

кто **не располо́жен** делать что-либо = *кому* не хочется делать *что-либо*

кра́сить на́бело = *здесь*: красить в белый цвет

перебра́ниваться *с кем* = ругаться *с кем*

двугри́венный = 20 копеек

цена́ не схо́дная = цена не подходит

сквернсло́вить — говорить скверные (неприличные, нецензурные) слова

— Ну, погоняй! — дребезжит горбач, устанавливаясь и дыша в затылок Ионы. — **Лупи!** Да и шапка же у тебя, братец! Хуже во всём Петербурге не найти...

— Гы-ы... гы-ы... хохочет Иона. — Какая есть...

— Ну ты, какая есть, погоняй! Этак ты всю дорогу будешь ехать? Да? А по шее?..

— Голова трещит... — говорит один из длинных. — Вчера у Дукмасовых мы вдвоём с Васькой четыре бутылки коньяку выпили.

— Не понимаю, зачем врать! — сердится другой длинный. — Врёт, как скотина.

— Накажи меня бог, правда...

— Это такая же правда, как то, что вошь кашляет.

— Гы-ы! — ухмыляется Иона. — Ве-есёлые господа!

— Тьфу, чтоб тебя черти!.. — возмущается горбач. — Поедешь ты, **старая холера**, или нет? Разве так ездят? **Хлобысни-ка** её кнутом! Но, чёрт! Но! Хорошенько её!

старая холера — ругательство

хлобыстну́ть (*прост.*) — ударить

Иона чувствует за своей спиной вертящееся тело и голосовую дрожь горбача. Он слышит обращённую к нему **ругань**, видит людей, и чувство одиночества начинает мало-помалу отлегать от груди. Горбач бранится до тех пор, пока не давится вычурным, шестиэтажным ругательством и не **разражается кашлем**. Длинные начинают говорить о какой-то Надежде Петровне. Иона оглядывается на них. Дождавшись короткой паузы, он оглядывается еще раз и **бормочет**:

ру́гань — *сущ.* от глагола **руга́ть**

разрази́ться ка́шлем — начать громко и продолжительно кашлять

бормота́ть — говорить тихо, быстро и непонятно

— А у меня на этой неделе... тово... сын помер!

— Все помрём... — вздыхает горбач, вытирая после кашля губы. — Ну, погоняй, погоняй! Господа, я решительно не могу дальше так ехать! Когда он нас довезёт?

— А ты его легонечко подбодри... в шею!

— Старая холера, слышишь? Ведь шею **накостыляю**!.. С вашим братом церемониться, так пешком

накостыля́ть (*прост.*) — побить

◈ Тоска

ходить!.. Ты слышишь, **Змей Горыныч**? Или тебе плевать на наши слова?

И Иона больше слышит, чем чувствует, звуки **подзатыльника**.

— Гы-ы... — смеётся он. — Весёлые господа... дай бог здоровья!

— Извозчик, ты женат? — спрашивает длинный.

— Я-то? Гы-ы... ве-есёлые господа! Таперя у меня одна жена — сырая земля... Хи-хо-хо... Могила, то есть!.. Сын-то вот помер, а я жив... Чудное дело, смерть дверью **обозналась**... Заместо того, чтоб ко мне идтить, она к сыну...

И Иона оборачивается, чтобы рассказать, как умер его сын, но тут горбач легко вздыхает и заявляет, что, слава богу, они, наконец, приехали. Получив двугривенный, Иона долго глядит вслед гулякам, исчезающим в темном подъезде. Опять он одинок, и опять наступает для него тишина... Утихшая ненадолго тоска появляется вновь и распирает грудь ещё с большей силой. Глаза Ионы тревожно и мученически бегают по толпам, **снующим** по обе стороны улицы: не найдется ли из этих тысяч людей хоть один, который выслушал бы его? Но толпы бегут, не замечая ни его, ни тоски... Тоска громадная, не знающая границ. Лопни грудь Ионы и вылейся из неё тоска, так она бы, кажется, весь свет залила, но, тем не менее, её не видно. Она сумела поместиться в такую ничтожную скорлупу, что её не увидишь днём с огнём...

(4) Иона видит дворника с кульком и решает заговорить с ним.

— Милый, который теперь час будет? — спрашивает он.

— Десятый... Чего же стал здесь? Проезжай!

(5) Иона отъезжает на несколько шагов, изгибается и отдаётся тоске... Обращаться к людям он считает уже бесполезным. Но не проходит и пяти

Змей Горы́ныч — персонаж из русского фольклора

подзаты́льник — удар по затылку

обозна́ться = перепутать

снýющий — от глагола **снова́ть** — быстро передвигаться в разных направлениях

минут, как он выпрямляется, встряхивает головой, словно почувствовал острую боль, и дергает вожжи... **Ему невмоготу.**

«Ко двору, — думает он. — Ко двору!»

И лошадёнка, точно поняв его мысль, начинает бежать рысцой. Спустя часа полтора, Иона сидит уже около большой грязной печи. На печи, на полу, на скамьях храпит народ. В воздухе «спираль» и духота... Иона глядит на спящих, почесывается и жалеет, что так рано вернулся домой...

«**И на овёс не выездил**, — думает он. — Оттого-то вот и тоска. Человек, который знающий своё дело... который и сам сыт, и лошадь сыта, **завсегда** покоен...»

В одном из углов поднимается молодой извозчик, сонно крякает и тянется к ведру с водой.

— Пить захотел? — спрашивает Иона.

— Стало быть, пить!

— Так... На здоровье... А у меня, брат, сын помер... Слыхал? На этой неделе в больнице... История!

Иона смотрит, какой эффект произвели его слова, но не видит ничего. Молодой укрылся с головой и уже спит. Старик вздыхает и чешется... Как молодому хотелось пить, так ему хочется говорить. Скоро будет неделя, как умер сын, а он ещё путём не говорил ни с кем... Нужно поговорить с толком, с расстановкой... Надо рассказать, как заболел сын, как он мучился, что говорил перед смертью, как умер... Нужно описать похороны и поездку в больницу за одеждой покойника. В деревне осталась дочка Анисья... И про неё нужно поговорить... Да мало ли о чём он может теперь поговорить? Слушатель должен охать, вздыхать, причитывать...

кому **невмоготу́** = *у кого* нет сил терпеть что-либо

и на овёс не вы́ездил = и на овёс не заработал

завсегда́ (*прост.*) = всегда

Иллюстрация к рассказу А.П. Чехова «Тоска». И.М. Филь

☙ Тоска

А с бабами говорить ещё лучше. Те хоть и дуры, но **ревут** от двух слов.

«Пойти лошадь поглядеть, — думает Иона. — Спать всегда успеешь... **Небось**, выспишься...»

Он одевается и идёт в конюшню, где стоит его лошадь. Думает он об овсе, сене, о погоде... Про сына, когда один, думать он не может... Поговорить с кем-нибудь о нём можно, но самому думать и рисовать себе его образ невыносимо **жутко**...

— Жуёшь? — спрашивает Иона свою лошадь, видя её блестящие глаза. — Ну, жуй, жуй... Коли на овёс не выездили, сено есть будем... Да... Стар уж стал я ездить... Сыну бы ездить, а не мне... То настоящий извозчик был... Жить бы только...

Иона молчит некоторое время и продолжает:

— Так-то, брат кобылочка... Нету Кузьмы Ионыча... **Приказал долго жить**... Взял и помер зря... **Таперя**, скажем, у тебя жеребёночек, и ты этому жеребёночку родная мать... И вдруг, скажем, этот самый жеребёночек приказал долго жить... Ведь жалко?

Лошадёнка жует, слушает и дышит на руки своего хозяина...

Иона увлекается и рассказывает ей всё...

реве́ть — *здесь:* громко плакать

небо́сь = вероятно; не бойся

кому жу́тко = *кому* очень страшно

приказа́ть до́лго жить (*прост.*) = умереть
тапе́ря (*прост.*) = теперь

Примечание

** Кого **оторвали от плуга**, от привычных серых картин и бросили сюда в этот омут, полный чудовищных огней, неугомонного треска и бегущих людей, тому нельзя не думать...* — Лошадёнка, как и Иона, всю свою жизнь провела в деревне, и, когда Иона был вынужден уехать на заработки в город, лошадёнка вместе с хозяином оказалась в городе.

 б) Если это возможно, прослушайте рассказ А.П. Чехова «Тоска», используя аудиокнигу. Следите по тексту.

Задание 5. Перечитайте первый фрагмент (1). Ответьте на вопросы, выполните задания.

1. В какое время суток происходит действие рассказа? Как описывает это время суток автор? Найдите в тексте и прочитайте этот фрагмент.

Выскажите ваше мнение: почему автор выбрал для рассказа именно это время суток?

2. Как зовут главного героя рассказа? Как описывает его автор?

3. Почему Иона неподвижен? Как автор описывает состояние неподвижности Ионы? Найдите в тексте и прочитайте этот фрагмент.

4. Почему автор выбирает слово *лошадёнка*, а не *лошадь*, когда рассказывает о лошади Ионы?

5. Как лошадка воспринимает город? Найдите в тексте и прочитайте этот фрагмент.

6. Какие слова и словосочетания использует автор для описания города? Продолжите следующий ряд словами из текста фрагмента (1): *омут, неугомонный треск,* ...

   Объясните, для чего автор выбирает именно эти слова. Как они помогают передать отношение Ионы к городу?

7. Как Иона воспринимает город? Из утверждений, данных ниже, выберите то, которое считаете верным:

   ☐ город кажется Ионе *омутом, полным чудовищных огней, неугомонного треска и бегущих людей*. Иона чувствует себя в этом огромном городе чужим и одиноким;

   ☐ Иона уже привык к городу, город и уличная суматоха, огни стали для него своими.

   Аргументируйте свой выбор.

Задание 6. Перечитайте второй фрагмент (2). Ответьте на вопросы, выполните задания.

1. Кто сел в сани Ионы? Куда нужно было ехать этому седоку?

2. С чем сталкивается Иона на улице? Как к нему относятся другие извозчики, прохожие? Какие слова в тексте помогают дать правильный ответ на этот вопрос?

3. Прочитайте, как автор описывает поведение Ионы, когда тот слышит брань и видит злобные взгляды. Обратите внимание на выделенные слова.

   *Иона **ёрзает** на козлах, как на иголках, **тыкает** в стороны локтями и **водит глазами, как угорелый**, словно не понимает, где он и зачем он здесь.*

   Опираясь на описание поведения Ионы (движение, жесты, мимика), попробуйте описать его эмоциональное состояние в этот момент.

✎ Тоска

4. Как военный реагирует на брань других извозчиков? Старается ли он поддержать Иону? Дайте вашу оценку поведению военного в этой ситуации. Аргументируйте свою оценку.

5. а) Перечитайте фрагмент, в котором Иона пытается рассказать военному о своём несчастье.

*Иона оглядывается на седока и шевелит губами... Хочет он, по-видимому, что-то сказать, но **из горла не выходит ничего, кроме сипенья**.*
— Что? — спрашивает военный.
*Иона **кривит улыбкой рот, напрягает своё горло и сипит:***
— А у меня, барин, тово... сын на этой неделе помер.
— Гм!.. Отчего же он умер?
Иона оборачивается всем туловищем к седоку и говорит:
— А кто ж его знает! Должно, от горячки... Три дня полежал в больнице и помер... Божья воля.

б) Сравните текст Чехова с текстом, где произведены замены, и ответьте на вопрос: с какой целью автор выбирает глаголы

♦ **сипеть**, а не **говорить**;
♦ **кривить улыбкой рот**, а не **улыбаться**?

Иона оглядывается на седока и шевелит губами... Хочет он, по-видимому, что-то сказать.
— Что? — спрашивает военный.
*Иона **улыбается и говорит:***
— А у меня, барин, тово... сын на этой неделе помер.
— Гм!.. Отчего же он умер?
Иона оборачивается всем туловищем к седоку и говорит:
— А кто ж его знает! Должно, от горячки... Три дня полежал в больнице и помер... Божья воля.

в) Обратите внимание на такую деталь в поведении Ионы.

— Гм!.. Отчего же он умер?
*Иона **оборачивается всем туловищем** к седоку и говорит...*

Для чего эта деталь введена автором в текст? Что можно сказать о внутреннем состоянии Ионы, опираясь на эту деталь?

6. Как военный реагирует на слова Ионы? Найдите в тексте и прочитайте фрагмент, в котором описывается поведение военного в этой ситуации. Как вы оцениваете его поведение? Из утверждений, данных ниже, выберите то, с которым вы согласны:

- □ военный — равнодушный и нечуткий человек, ему нет никакого дела до чужого горя. Я осуждаю его поведение;
- □ мне, конечно, было неприятно читать, как повёл себя военный в этой ситуации. Но с другой стороны, так бы повело себя большинство людей на его месте. Кому хочется нагружать себя чужими проблемами? Я, честно сказать, не знаю, как бы я повёл (-а) себя в этой ситуации;
- □ это нормальная реакция хорошо воспитанного человека. Иона вёл себя глупо. Неправильно рассказывать о своих проблемах посторонним людям;
- □ у меня другая оценка (какая?).

Аргументируйте свой выбор.

Задание 7. Перечитайте третий фрагмент (3). Выполните задания, ответьте на вопросы.

1. Опишите следующих седоков Ионы: их внешность и поведение. Скажите, почему автор называет их *гуляками*?
2. Куда нужно было ехать новым седокам?
3. Какую плату предложили Ионе? Эта цена была сходной для Ионы или очень низкой? Выскажите ваше мнение: почему Иона не стал спорить с седоками, не стал просить повысить цену? Аргументируйте свой ответ.
4. Как вели себя седоки во время поездки? Как они относились к Ионе? Что можно сказать об этих людях, исходя из их поведения?
5. Перечитайте фрагмент и ответьте на вопросы.

     Он слышит обращённую к нему ругань, видит людей, и чувство одиночества начинает мало-помалу отлегать от груди.

     ◆ Какова нормальная реакция человека на обращённую к нему ругань?
     ◆ Как реагирует Иона на обращённую к нему ругань? Чем можно объяснить такую реакцию?
     ◆ Какие чувства по отношению к Ионе вы испытывали в этот момент?

6. а) Перечитайте фрагмент, в котором Иона пытается рассказать молодым гулякам о своём несчастье.

     *Дождавшись короткой паузы, он оглядывается ещё раз и **бормочет**:*
     — А у меня на этой неделе... тово... сын помер!

◆ Тоска

б) Объясните, как вы понимаете значение глагола *бормотать*. Объясните, для чего автор выбирает этот глагол, а не глагол *говорить*.

7. Как реагируют седоки на слова Ионы? Найдите в тексте и прочитайте фрагмент, в котором описывается реакция молодых людей на слова Ионы.

Как вы оцениваете поведение молодых людей в этой ситуации? Из утверждений, данных ниже, выберите то, с которым вы согласны:

☐ они — равнодушные и жестокие люди, им нет никакого дела до чужого горя. Я осуждаю их поведение;

☐ мне, конечно, было неприятно читать, как они вели себя в этой ситуации. Но с другой стороны, разве можно было ожидать от них другой реакции? Иона неправильно сделал, что рассказал гулякам о своём горе;

☐ у меня другая оценка (какая?).

Аргументируйте свой выбор.

8. Как вы думаете, почему Иона, старый человек с богатым жизненным опытом, решает рассказать гулякам о своём горе? Ведь он мог предположить, какова будет их реакция. Аргументируйте ваше мнение.

9. Кого ищет Иона в толпе бегущих по своим делам людей? Как можно объяснить это желание Ионы?

10. Прочитайте, как автор описывает чувства одиночества и тоски, которые охватили Иону после того, как седоки сошли.

> Тоска **громадная, не знающая границ**. Лопни грудь Ионы и вылейся из неё тоска, так **она бы**, кажется, **весь свет залила**, но, тем не менее, **её не видно**. Она сумела поместиться в такую **ничтожную скорлупу**, что **её не увидишь днём с огнём…**

Объясните, как вы понимаете выделенные слова и выражения. Ответьте на вопросы.

♦ Для кого тоска громадна, не знает границ?
♦ Для кого тоска ничтожна, не видна?

11. Выразите ваше отношение к тому, что Иона оказался одиноким в горе. Из утверждений, данных ниже, выберите то, которое считаете верным:

☐ это обычная ситуация для большого города. В городе человек всегда одинок, к сожалению;

- это ненормальная ситуация, исключение. В рассказе описаны жестокие и равнодушные люди. Мне тяжело было читать этот фрагмент;
- это жизнь. Для любого человека на первом месте — его жизнь с её проблемами. Большинство людей «закрывается», прячется от чужой беды. Своих проблем хватает. В таких ситуациях должен помогать психолог, это его профессиональная обязанность.

Аргументируйте вашу точку зрения.

Задание 8. Перечитайте четвёртый фрагмент (4). Ответьте на вопросы, выполните задания.

1. О чём Иона говорил с дворником? Почему он не рассказал ему о своём горе?
2. Выскажите вашу точку зрения: почему Иона не остался один, а поехал ко двору, к людям, хотя считал, что обращаться к людям уже бесполезно? Аргументируйте ваше мнение, используя текст рассказа.
3. Как вы думаете, почему Иона жалеет, что так рано вернулся домой? Ваше мнение аргументируйте.
4. Как отреагировал молодой извозчик на слова Ионы? Какой эффект произвели на него слова Ионы? Как вы оцениваете поведение молодого извозчика?
5. О чём хочется рассказать Ионе людям? Как можно объяснить это желание?

Задание 9. Перечитайте пятый фрагмент (5). Ответьте на вопросы, выполните задания.

1. Почему Ионе, когда он остаётся один, невыносимо жутко думать о сыне? Ваше мнение аргументируйте.
2. Что говорит Иона лошади? Найдите в тексте и прочитайте нужный фрагмент.
3. Что значит для старого человека потеря сына, в котором он видел продолжение себя, смысл своей жизни? Как это объясняет Иона? Как бы вы объяснили это? Аргументируйте свои слова.
4. Как вы думаете, станет ли Ионе легче после того, как он расскажет *всё* своей лошадёнке? Аргументируйте ваше мнение.

Тоска

Задание 10. а) Опишите ваши чувства после того, как вы закончили читать рассказ.

б) Выскажите ваше мнение: почему рассказ писателя А.П. Чехова оказывает такое сильное эмоциональное воздействие на читателя? Какие именно слова в тексте этому способствуют?

Задание 11. а) Прослушайте рассказ А.П. Чехова «Тоска» ещё раз.

б) Прочитайте запись, сделанную А.П. Чеховым в его записной книжке.

За дверью счастливого человека должен стоять кто-нибудь с молоточком и напоминать, что есть несчастные и что после непродолжительного счастья непременно наступит несчастье.

Объясните, как вы понимаете эти слова А.П. Чехова. Выразите согласие или несогласие с высказыванием писателя. Аргументируйте вашу точку зрения.

в) Сделайте обобщение: о чём рассказ А.П. Чехова «Тоска»? Из утверждений, данных ниже, выберите то, которое вы считаете верным:

☐ это рассказ о человеческом равнодушии и чёрствости к чужому горю;

☐ это рассказ об одиночестве человека в большом городе;

☐ это рассказ-описание психологического состояния, в котором находится человек, потерявший сына.

г) Дайте вашу оценку прочитанному рассказу. Ответьте на вопросы.

- Насколько точно А.П. Чехов описывает состояние тоски и чувство одиночества? Аргументируйте свой ответ, используя примеры из текста рассказа.

- Кому и с какой целью вы посоветовали бы прочитать этот рассказ? Аргументируйте свой ответ.

д) Выскажите ваше мнение: что хотел сказать людям, к чему хотел привлечь внимание русский писатель А.П. Чехов, когда задумал и написал рассказ «Тоска»?

Задание 12. Прочитайте комментарий, данный ниже, и выполните задания.

Потеря близкого человека — одно из самых тяжёлых испытаний в жизни. В этой ситуации человеку необходима помощь людей: как членов семьи, друзей, коллег, так и профессионального психолога.

а) Опишите психологическое состояние человека в этот момент. В качестве примера используйте материал рассказа А.П. Чехова «Тоска».

б) Расскажите, какую помощь человеку, потерявшему кого-то из родных, могут оказать:

- окружающие люди (члены семьи, друзья, коллеги по работе);
- профессиональный психолог.

в) Обратите внимание на то, что Иона — старый человек. Известно, что среди проблем, возникающих у пожилых людей, одна из самых острых — это одиночество. Чем больше лет человеку, тем больше потерь. Так уж устроена жизнь. Старики остаются наедине со своими невысказанными мыслями, воспоминаниями, переживаниями.

Опишите, что бы вы сделали и сказали, если бы вдруг оказались случайным седоком Ионы и он рассказал бы вам о своём горе?

г) Напишите сочинение (письменное высказывание) по рассказу А.П. Чехова «Тоска».

Часть 5

ДРАМА НА ОХОТЕ

В этой части пособия вы познакомитесь с повестью А.П. Чехова «Драма на охоте». Поможет вам в этом фильм «Мой ласковый и нежный зверь», снятый по мотивам данной повести.

Фильм «Мой ласковый и нежный зверь» был снят на киностудии «Мосфильм» в 1979 году. Режиссёр фильма — Э. Лотяну, композитор — Е. Дога.

Задание 1. а) Повесть А.П. Чехова называется «Драма на охоте». Объясните, как вы понимаете значение слова *драма*. В случае необходимости обратитесь к словарю.

б) Фильм, снятый по мотивам повести А.П. Чехова, называется «Мой ласковый и нежный зверь». Объясните, как вы понимаете значение слова *зверь*. В каких ситуациях употребляется это слово? Подберите определения к слову *зверь*.

Объясните, как вы понимаете словосочетание *мой ласковый и нежный зверь*.

в) Опираясь на названия, предположите, о чём могут быть повесть и фильм.

Задание 2. Прочитайте начало повести А.П. Чехова «Драма на охоте». Обращайте внимание на лексический комментарий, данный после текста.

ДРАМА НА ОХОТЕ

Истинное происшествие

В один из апрельских полудней 1880 года в мой кабинет вошёл сторож Андрей и таинственно доложил мне, что в редакцию явился какой-то господин и убедительно просит свидания с редактором.

— Должно быть, **чиновник**[1], — добавил Андрей, — с **кокардой**[2]...

— Попроси его прийти в другое время, — сказал я. — Сегодня я занят. Скажи, что редактор принимает только по субботам.

— Он и третьего дня приходил, вас спрашивал. Говорит, что дело большое. Просит и чуть не плачет. В субботу, говорит, ему несвободно... Прикажете принять?

Я вздохнул, положил перо и принялся ждать господина с кокардой. Начинающие писатели и вообще люди, не посвящённые в редакционные тайны, приходящие при слове «редакция» в священный трепет, заставляют ждать себя немалое время. Они, после редакторского «проси», долго кашляют, долго сморкаются, медленно отворяют дверь, ещё медленнее входят и этим отнимают немало времени. Господин же с кокардой не заставил ждать себя. Не успела за Андреем затвориться дверь, как я увидел в своём кабинете высокого широкоплечего мужчину, державшего в одной руке бумажный свёрток, а в другой — фуражку с кокардой.

Человек, так добивавшийся свидания со мной, играет в моей повести очень видную роль. <...>.

Войдя ко мне в кабинет, он **сконфузился**[3]. Его нежную, чуткую натуру, вероятно, шокировал мой нахмуренный, недовольный вид.

— Извините, ради бога! — начал он мягким, сочным баритоном. — Я врываюсь к вам не в урочное время и заставляю вас делать для меня исключение. Вы так заняты! Но видите ли, в чём дело, господин редактор: я завтра уезжаю в Одессу по одному очень важному делу... Имей я возможность отложить эту поездку до субботы, то, верьте, я не просил бы вас делать для меня исключение. Я преклоняюсь перед правилами, потому что люблю порядок...

«Как, однако, он много говорит!» — подумал я, протягивая руку к перу и тем давая знать, что мне некогда. (Уж больно надоели мне тогда посетители!)

• Драма на охоте

—Я отниму у вас одну только минуту! — продолжал мой герой извиняющимся голосом. — Но прежде всего позвольте представиться... Кандидат прав Иван Петрович Камышев, бывший судебный следователь... К пишущим людям не имею чести принадлежать, но, тем не менее, явился к вам с чисто писательскими целями. Перед вами стоит желающий попасть в начинающие, несмотря на свои под сорок. Но лучше поздно, чем никогда.

—Очень рад... Чем могу быть полезен?

Желающий попасть в начинающие сел и продолжал, глядя на пол своими умоляющими глазами:

—Я притащил к вам маленькую повесть, которую мне хотелось бы напечатать в вашей газете. Я вам откровенно скажу, г. редактор: написал я свою повесть не для авторской славы и не для звуков сладких... Для этих хороших вещей я уже постарел. Вступаю же на путь авторский просто из **меркантильных**[4] побуждений... Заработать хочется... Я теперь решительно никаких не имею занятий. Был, знаете ли, судебным следователем в С-м уезде, прослужил пять с лишком лет, но ни капитала не нажил, ни невинности не сохранил...

Камышев вскинул на меня своими добрыми глазами и тихо засмеялся.

—Надоела служба... Служил-служил, махнул рукой и бросил. Занятий у меня теперь нет, есть почти нечего... И если вы, минуя достоинства, напечатаете мою повесть, то сделаете мне больше, чем одолжение... Вы поможете мне...

«Лжёшь»! — подумал я.

Брелоки и перстень на мизинце плохо вязались с письмом ради куска хлеба, да и по лицу Камышева пробежала чуть заметная, уловимая опытным глазом тучка, которую можно видеть на лицах только редко лгущих людей.

—Какой сюжет вашей повести? — спросил я.

—Сюжет... Как бы вам сказать? Сюжет не новый... Любовь, убийство... Да вы прочтёте, увидите... «Из записок судебного следователя»...

Я, вероятно, поморщился, потому что Камышев сконфуженно замигал глазами, встрепенулся и проговорил быстро:

—Повесть моя написана по шаблону бывших судебных следователей, но... в ней вы найдёте быль, правду... Всё, что в ней изображено, всё от крышки до крышки происходило на моих глазах... Я был и очевидцем, и даже действующим лицом.

—Дело не в правде... Не нужно непременно видеть, чтоб описать... Это не важно. Дело в том, что нашей бедной публике надоели все эти таинственные убийства, хитросплетения сыщиков и необыкновенная находчивость допрашивающих следователей. Публика, конечно, разная бывает, но я говорю о той публике, которая читает мою газету. Как называется ваша повесть?

— «Драма на охоте».

— Гм... Несерьёзно, знаете ли... Да и, откровенно говоря, у меня накопилась такая масса материала, что решительно нет возможности принимать новые вещи, даже при несомненных их достоинствах...

— А уж мою-то вещь примите, пожалуйста... Вы говорите, что несерьёзно, но... трудно ведь назвать вещь, не видавши её... И неужели вы не можете допустить, что и судебные следователи могут писать серьёзно?

Всё это проговорил Камышев заикаясь, вертя между пальцами карандаш и глядя себе в ноги. Кончил он тем, что сильно сконфузился и замигал глазами. Мне стало жаль его.

— Хорошо, оставьте, — сказал я. — Только не обещаю вам, что ваша повесть будет прочтена в скором времени. Вам придётся подождать...

— Долго?

— Не знаю... Зайдите месяца... этак через два, через три...

— Долгонько... Но не смею настаивать... Пусть будет по-вашему...

Камышев поднялся и взялся за фуражку.

— Спасибо за аудиенцию, — сказал он. — Пойду теперь домой и буду питать себя надеждами. Три месяца надежд! Но, однако, я вам надоел. Честь имею кланяться!

— Позвольте, одно только слово, — сказал я, перелистывая его толстую, исписанную мелким почерком тетрадь. — Вы пишете здесь от первого лица... Вы, стало быть, под судебным следователем разумеете здесь себя?

— Да, но под другой фамилией. Роль моя в этой повести несколько скандальна... Неловко же под своей фамилией... Так через три месяца?

— Да, пожалуй, не ранее...

— Будьте здоровёхоньки!

Бывший судебный следователь галантно раскланялся, осторожно взялся за дверную ручку и исчез, оставив на моём столе своё произведение. Я взял тетрадь и спрятал её в стол.

Повесть красавца Камышева покоилась в моём столе два месяца. Однажды, уезжая из редакции на дачу, я вспомнил о ней и взял её с собою.

Сидя в вагоне, я открыл тетрадь и начал читать из середины. Середина заинтересовала меня. В тот же день вечером я, несмотря на отсутствие досуга, прочёл всю повесть от начала до слова «Конец», написанного размашистым почерком. Ночью я ещё раз прочёл эту повесть, а на заре ходил по террасе из угла в угол и тёр себе виски, словно хотел вытереть из головы новую, внезапно набежавшую, мучительную мысль... А мысль была действительно мучительная, невыносимо острая... Мне казалось, что я, не судебный следователь и ещё того менее не **присяжный психолог**[5], открыл страшную тайну одного человека, тайну, до которой мне не было никакого дела... Я ходил по террасе и убеждал себя не верить своему открытию...

Повесть Камышева не попала в мою газету по причинам, изложенным в конце моей беседы с читателем. С читателем я встречусь ещё раз. Теперь же, надолго расставаясь с ним, я предлагаю на его прочтение повесть Камышева.

Лексический комментарий

1   **чино́вник** — государственный служащий;

2   **кока́рда** — форменный знак на головном уборе;

3   **сконфу́зиться** = смутиться, почувствовать смущение;

4   **меркантильный** — очень расчётливый, думающий о выгоде, о деньгах;

5   **прися́жный психо́лог** — психолог, который работает в суде.

Задание 3. Ответьте на вопросы, выполните задание.

1. Кто пришёл к редактору в один из апрельских полудней 1880 года? Что вы узнали об этом человеке из прочитанного вами фрагмента? Какое мнение сложилось у вас об этом человеке?

2. Зачем Камышев пришёл к редактору?

3. Как Камышев объяснил своё желание опубликовать написанную им повесть? Поверил ли редактор его объяснению? Почему?

4. Опишите поведение Камышева во время визита в редакцию. Предположите, чем можно объяснить такое поведение Камышева.

5. Была ли опубликована повесть Камышева? Почему?

Задание 4. Познакомьтесь с главными героями фильма «Мой ласковый и нежный зверь». Обратите внимание, что героев повести «Драма на охоте» зовут так же.

Прочитайте имена героев вслух. В правой колонке прочитайте информацию о героях повествования. Ответьте на вопросы.

Сергей Петрович Камышев	Судебный следователь.
Серёжа Серёженька	

Кто мог называть Сергея Камышева *Сергеем Петровичем*, *Серёжей*, *Серёженькой*? Почему?

Ольга Николаевна Скворцова Оля Оленька	Дочь лесничего. Оленька живёт с отцом в маленьком домике в лесу. Отец Оленьки болен, у него проблемы с психикой. Мать Оленьки умерла, когда Оленька была совсем маленькой девочкой.

Кто мог называть Ольгу Скворцову *Ольгой Николаевной*, *Олей*, *Оленькой*? Почему?

граф Карнеев Алексей Юрьевич Алёша	Очень богатый человек. Страдает алкоголизмом. Он приехал к себе в имение, потому что доктор предсказал ему скорую смерть от цирроза печени. У графа испорчена печень от «долгого пития».

Кто мог называть графа Карнеева *графом*, *Алексеем Юрьевичем*, *Алёшей*? Почему?

Пётр Егорович Урбенин Пётр Егорыч	Управляющий имением графа Карнеева. Вдовец, отец двоих детей.

Задание 5. Прочитайте слова / словосочетания / предложения. В случае необходимости обратитесь к словарю.

Рекомендова́ть (-ся) *кого кому* (*устар.*) — представлять *кого кому* при знакомстве;

Седина́ в бо́роду, а бес в ребро́ — *пословица*: так говорят о старике, который, как молодой человек, оказывает знаки внимания молодым женщинам;

чей (*мой, его, её, их*) **крест** — *здесь*: страдания, испытания, которые посылает Бог (это значение связано с крестом, на котором казнили (убили) Иисуса Христа);

Го́рько! — традиционный возглас гостей на свадьбе, призывающих мужчину и женщину, ставших только что мужем и женой, поцеловаться;

шáфер — в церковном свадебном обряде человек, состоящий при женихе (или невесте) и во время свадебного обряда держащий у него (неё) над головой венец;

берéчь как зени́цу óка (Я тебя **как зеницу ока буду беречь**, всю жизнь, пока сил хватит.) — **зеница** (*церковнославян.*) — зрачок; **око** (*церковнославян.*) — глаз; **беречь как зеницу ока** — беречь как самое дорогое;

кому **мóре по колéно** (Теперь **мне море по колено**.) — *идиома* со значением (*кому*) ничего не страшно, ничто не может его испугать;

(по)кружи́ть *кого* — взять на руки и двигаться по кругу;

незабвéнный (-ая, -ое; -ые) = незабываемый;

кáторга — самые тяжёлые работы для преступников в тюрьме или других местах с особо тяжёлым режимом.

Задание 6. Прочитайте наиболее важные, ключевые фрагменты повести (перед просмотром фильма). Обращайте внимание на лексический комментарий. В случае необходимости используйте словарь.

а) Прочитайте первый фрагмент. Скажите, как зовут девушку, которая в нём описывается. Как бы вы охарактеризовали эту девушку, исходя из содержания данного фрагмента? Какая она? На что вы обратили внимание, когда читали этот фрагмент? Какие чувства у вас вызвала девушка?

(1)

— Вы боитесь грозы? — спросил я Оленьку.

Та прижала щёку к круглому плечу и поглядела на меня детски доверчиво.

— Боюсь, — прошептала она, немного подумав. — Гроза убила у меня мою мать... В газетах даже писали об этом... Моя мать шла по полю и плакала... Ей очень горько жилось на этом свете... Бог сжалился над ней и убил своим небесным электричеством.

— Откуда вы знаете, что там электричество?

— Я училась... Вы знаете? Убитые грозой, на войне и умершие от тяжёлых родов попадают в рай... Этого нигде не написано в книгах, но это верно. Мать моя теперь в раю. Мне кажется, что и меня убьёт гроза когда-нибудь и что и я буду в раю... Вы образованный человек?

— Да...

— Стало быть, вы не будете смеяться... Мне вот как хотелось бы умереть. Одеться в самое дорогое, модное платье, какое я на днях видела на здешней богачке, помещице Шеффер, надеть на руки браслеты... Потом стать на самый верх Каменной Могилы и дать себя убить молнии так, чтобы все люди видели... Страшный гром, знаете, и конец...

— Какая дикая фантазия! — усмехнулся я, заглядывая в глаза, полные священного ужаса перед страшной, но эффектной смертью. — А в обыкновенном платье вы не хотите умирать?

— Нет... — покачала головой Оленька. — И так, чтобы все люди видели.

— Ваше теперешнее платье лучше всяких модных и дорогих платьев... Оно идёт к вам. В нём вы похожи на красный цветок зеленого леса.

— Нет, это неправда! — наивно вздохнула Оленька. — Это платье дешёвое, не может быть оно хорошим.

б) Прочитайте второй фрагмент. Скажите, к какому событию готовится Оленька. Как описывается Оленька в этом фрагменте? Какая она? На что вы обратили внимание, когда читали данный фрагмент? Какие чувства у вас вызвала девушка?

(2)

...У ног Оленьки лежали две штуки полотна и несколько свертков.

— Сколько у вас покупок! На что вам столько полотна?

— Мне ещё не столько нужно!.. — ответила Оленька. — Это я так купила, между прочим... Вы не можете себе представить, сколько хлопот! Сегодня вот по ярмарке целый час ходила, а завтра придётся в город ехать за покупками... А потом извольте шить... Послушайте, у вас нет таких знакомых женщин, которых можно было бы нанять шить?

— Кажется, нет... Но для чего вам столько покупок? К чему шить? Ведь у вас семья не бог весть как велика...

— Какие вы, все мужчины, странные! И ничего вы не понимаете! Я знаю, Петр Егорыч не нуждается, но все-таки неловко как-то с первого же раза себя не хозяйкой показать...

— При чём же тут Петр Егорыч?

— Да разве вы не слышали? Ведь я выхожу замуж за Петра Егорыча!

— Замуж? — удивился я, делая большие глаза. — За какого Петра Егорыча?

— Фу, боже мой! Да за Урбенина!

— Вы... замуж? За Урбенина? Этакая ведь шутница!

 Драма на охоте

— Что тут такого удивительного? Правда, он несколько стар, — вздохнула Оленька, — но зато ведь он меня любит... Его любовь надежная. С ним я буду счастлива... **Состояние**[1] у него — слава богу, не нищий, а дворянин. Сергей Петрович, разве только те и счастливы, которые по любви женятся!

— Дело не в надёжной любви, а в счастье...

— Знаю я эти браки по любви! Сергей Петрович, вам это не нравится? Так извольте вы сами идти в лес... в эту скуку, где нет никого, кроме волчьего воя да сумасшедшего отца... Вам понравилось тогда вечером, а поглядели бы вы зимой, когда рада бываешь... что вот-вот смерть придёт...

— Оленька, глупо всё это! Я на вашем бы месте **на семи осинах удавился**[2], а вы полотно покупаете... улыбаетесь!

— По крайней мере, он на свои средства отца лечить будет, а потом мы с ним в Санкт-Петербург уедем.

— Сколько вам нужно на лечение отца? Возьмите у меня! Сто?.. двести?.. тысячу? **Лжёте**[3] вы, Оленька! Вам не лечение отца нужно! ...

Лексический комментарий

[1] **состоя́ние** — имущество;
[2] **на семи́ оси́нах удави́ться** — повеситься (убить себя);
[3] **лгать (лгу, лжёшь)** — обманывать, говорить неправду.

в) Прочитайте третий фрагмент. О чём говорят Оленька и Сергей Петрович? Как описывается Оленька в этом фрагменте? Какая она? На что вы обратили внимание, когда читали данный фрагмент? Какие чувства у вас вызвала девушка?

(3)

— Что я наделала? Что наделала! — бормотала она.

— Да, Оля, что вы наделали! — сказал я, ставши перед ней и скрестив руки.

— Зачем я вышла за него замуж? Где у меня были глаза? Где был мой ум?

— Да, Оленька... Трудно объяснить этот ваш шаг...

— Зачем я вышла за него? Я могла бы выйти за человека, которого я люблю, который меня любит!

— За кого же это, Оля? — спросил я.

— За вас! Вы умны, благородны, молоды... Вы богаты... Вы казались мне недоступны, Сергей Петрович!

— Ну, довольно, Оля. Нас ждут...

— Ведь ты любишь меня? Ведь любишь?

Кадр из фильма
«Мой ласковый
и нежный зверь»

— Пора идти, душа моя... — сказал я, замечая, к своему великому ужасу, что я целую её в лоб, беру её за талию, что она ожигает меня своим горячим дыханием и повисает на моей шее...

Поцелуи мои, вероятно, были горячи, потому что лицо Ольги горело, как в огне. На нём не было и следа только что пролитых слёз...

— Теперь мне, как говорится, море по колено! Я ничего не боюсь! Я тебя люблю, Серёжа, давно люблю.

г) Прочитайте четвёртый фрагмент. О чём говорят Оленька и Сергей Петрович? Как описывается Оленька в этом фрагменте? Какая она? На что вы обратили внимание, когда читали данный фрагмент? Какие чувства у вас вызвала девушка?

(4)

— Неужели вы, женщина, в состоянии равнодушно **созерцать**[1] мучения этого **селезня**[2]? Чем глядеть, как он мучается, вы бы лучше приказали его добить.

— Другие мучаются, пусть и он мучается, — сказала Ольга, не глядя на меня и хмуря брови.

— Кто же ещё мучается? Страшновато было, Оленька?

— Оставь меня в покое! — прохрипела она. — Я не расположена сегодня говорить ни с тобой... ни с твоим дураком графом! Отойди от меня прочь!

Она вскинула на меня глазами, полными злобы и слёз. Лицо её было бледно, губы дрожали.

◆ Драма на охоте

— Вас не узнать! — сказал я. — Какой тон! Поражён! Совсем поражён!
Ольга окинула меня взором снизу вверх и отвернулась.

— Таким тоном разговаривают с **развратными и продажными**[3] женщинами, — проговорила она. — Ты меня такой считаешь... ну и ступай к тем, святым!.. Я здесь хуже, подлее всех... Ну и иди к ним! Чего же стоишь? Иди!

— Да, ты здесь хуже и подлее всех, — сказал я, чувствуя, как мною постепенно овладевает гнев. — **Развратная и продажная.** <...>

— Оленька!

— Как я несчастна! Боже мой! Никого я никогда не любила, кроме тебя! Тебя! Сильный! Ласковый!

— Оленька!

— Пойдём! Покружи меня! Ну, покружи! Вот так! Ну какая я дурочка! Не выйди я за Урбенина, я бы вышла замуж за графа, а он бы развёлся со своей полудурой, и мы бы были вместе с тобой в Санкт-Петербурге. Я помогла бы тебе, ведь я бы была такой богатой и сильной!

— Ты что?!

— Серёженька! Зверёк ты мой ласковый и нежный! **Образумься**[4]! Ведь я права, пойми, права! Я не хочу быть нищей, не хочу быть внизу, милый мой! Не хочу! Я не хочу опять в этот лес проклятый! Я боюсь! Я не вернусь туда..!

Гнев овладел всем моим существом. И этот гнев был так же силён, как та любовь, которая начинала когда-то зарождаться во мне к девушке в красном... Да и кто бы, какой камень, остался бы равнодушен? Я видел перед собою красоту, брошенную немилосердной судьбою в грязь. Не были **пощажены**[5] ни молодость, ни красота, ни грация... Теперь, когда эта женщина казалась мне прекрасней, чем когда-либо, я чувствовал, какую **потерю** в лице её **понесла**[6] природа, и мучительная злость на несправедливость судьбы, на порядок вещей наполняла мою душу...

Лексический комментарий

[1] **созерца́ть** *что* — смотреть *на что*;

[2] **се́лезень** — самец утки;

[3] **развра́тная и прода́жная** (женщина) — женщина, которая занимается развратом, продаёт своё тело;

[4] **образу́миться** — начать рассуждать разумно;

[5] **пощажён** (-а; -о; -ы) — пассивное причастие от глагола **пощади́ть** (пожалеть);

[6] **понести́ поте́рю** — потерять что-либо.

д) Сравните фрагменты. Ответьте на вопрос: изменилась ли Оленька? Аргументируйте вашу точку зрения. Какие слова в текстах помогают нам понять, как изменилась Оленька? Найдите эти слова в тексте. Изменилось ли отношение к Оленьке Сергея Петровича? Аргументируйте вашу точку зрения. Используйте материалы прочитанных вами фрагментов.

Задание 7. Самостоятельно познакомьтесь с полным вариантом текста повести А.П. Чехова «Драма на охоте» / посмотрите фильм «Мой ласковый и нежный зверь». Помните, что текст художественного фильма может не совпадать с текстом повести А.П. Чехова.

Задание 8. Выполните задания, ответьте на вопросы.

1. Расскажите о главном герое — Сергее Петровиче:
   а) опишите его внешность;
   б) скажите, где и с кем он жил;
   в) назовите профессию Сергея Петровича;
   г) выделите основные, на ваш взгляд, черты характера Сергея Петровича.
2. К кому поехал в гости Сергей Петрович?
3. а) Подробно опишите графа Карнеева. Дайте характеристику личности графа, используя лексику и конструкции из таблицы.

*кто **каков (какова)***	• неуравновешен (-а) • непосредствен (-а) • импульсивен (-вна) • вспыльчив (-а) • внутренне тревожен (-жна)
*кто **какой человек***	• эмоционально напряжённый человек • эмоционально неустойчивый человек • нервный человек • эмоциональный человек • слабохарактерный человек • легко возбудимый человек • беспокойный человек
*кто **склонен** (-а; -ы) к чему*	• к подчинению людям • к проявлению необоснованных страхов

кто **отличается** чем кому **свойственно** (ø; -*а*; -*ы*) что кому **присуще** (ø; -*а*; -*и*) что	• безвольность (-ю) • непостоянство (-м) • неумение (-м) заранее планировать свои действия • несерьёзность (-ю) • пассивность (-ю) • неспособность (-ю) самостоятельно принимать решения • неумение (-м) справляться с жизненными трудностями • повышенная (-ой) тревожность (-ю) • привычка (-ой) жить в беспорядке
кто **страдает** чем	• алкоголизмом

б) Дайте вашу оценку личности графа. Скажите, какие чувства вызвал у вас этот человек. Аргументируйте вашу точку зрения. Используйте следующие вводные конструкции.

Мне он нравится, потому что он (она)...

С таким человеком легко / трудно общаться (дружить), потому что он (она)...

Такого человека трудно понять, потому что он (она)...

К счастью / к несчастью, он (она)...

Ему (ей) трудно общаться с другими людьми, потому что он (она)...

4. Опишите первую встречу Сергея Петровича и Оленьки. Расскажите, как выглядела Оленька, когда Сергей Петрович её увидел. Расскажите, какие чувства испытал Сергей Петрович, увидев Оленьку.

Прочитайте, как сам Сергей Петрович описывает свою первую встречу с Оленькой.

«В высшей степени достойная особа» представляла из себя девятнадцатилетнюю девушку с прекрасной белокурой головкой, добрыми голубыми глазами и длинными кудрями. Она была в ярко-красном, полудетском, полудевическом платье. Стройные, как иглы, ножки в красных чулках сидели в крошечных, почти детских башмачках. Круглые плечи её всё время, пока я любовался ею, кокетливо ёжились, словно им было холодно и словно их кусал мой взгляд.

У меня же, помню, затеплилось в груди хорошее чувство. Я был ещё поэтом и в обществе лесов, майского вечера и начинающей мерцать вечерней звезды мог глядеть на женщину только поэтом… Я смотрел на девушку в красном с тем же благоговением, с каким привык глядеть на леса, горы, лазурное небо.

Опишите ваши первые впечатления от Оленьки. На что вы обратили внимание? Какой показалась вам эта девушка? Аргументируйте вашу точку зрения.

5. Вернитесь к **заданию 6**. Перечитайте первый фрагмент. Как Оленька представляет свою смерть? Выскажите ваше мнение: почему для Оленьки важно, чтобы её смерть была эффектной? Почему она хочет, чтобы её убила гроза и чтобы она при этом была в самом дорогом, модном платье и все люди видели, как она умирает? Что можно сказать о характере Оленьки, опираясь на этот фрагмент?

6. Как воспринимали Оленьку другие мужчины? Каково было отношение к Оленьке Петра Егоровича Урбенина? Почему о нём говорят *«седина в бороду, бес в ребро»*?

   Почему Пётр Егорович называет своё чувство к Оленьке *«это мой крест»*? Аргументируйте вашу точку зрения.

7. Почему Оленька решила принять предложение Петра Егоровича и выйти за него замуж? Аргументируйте ваше мнение. Как она сама объясняет своё решение? Верит ли этому объяснению Сергей Петрович? Почему? При ответе используйте информацию из текста повести и фильма, а также материал из **задания 6** (фрагмент 2).

8. Почему Оленька убежала из столовой, где обедали гости, приглашённые на свадьбу?

9. О чём говорили Оленька и Сергей Петрович, когда Сергей Петрович пришёл за ней в сад? При ответе используйте информацию из **задания 6** (фрагмент 3).

   Что имела в виду Оленька, когда сказала Сергею Петровичу: *«Теперь мне, как говорится, море по колено! Я ничего не боюсь»*?

   Верите ли вы в искренность чувств Оленьки? Аргументируйте вашу точку зрения.

10. Выскажите ваше мнение: почему Оленька плакала, когда танцевала вальс с Петром Егоровичем, за которого она вышла замуж? Ваш ответ аргументируйте.

11. Дайте вашу оценку поступка Оленьки, которая изменила своему мужу, приехав ночью к Сергею Петровичу. Можно понять Оленьку в этой ситуации? Объясните вашу точку зрения.

12. Почему Пётр Егорович вначале отправил детей в город, а потом и сам переехал в город без Оленьки? Дайте оценку поведению Оленьки и Петра Егоровича в этой ситуации.

13. Зачем Оленька обманула графа и Сергея Петровича, сказав, что муж её бил? Почему Оленька хотела жить у графа? Можно ли понять это желание Оленьки?

14. Изменилась ли Оленька, переехав к графу? Как изменились:

    а) её внешность;

    б) её поведение?

    Чем можно объяснить произошедшие с Оленькой изменения?

15. Что произошло на охоте? Подробно остановитесь на разговоре Ольги и Сергея Петровича (используйте материал из **задания 6** (фрагмент 4)). О чём жалела Ольга? Понял ли Ольгу Сергей Петрович? Почему он, вспоминая этот разговор, называет любимую женщину *Ольгой*, когда раньше в рассказе он называл её *Оленькой*? Почему Ольга обращается к Сергею Петровичу *зверек ты мой ласковый и нежный*?

16. Как можно объяснить желание Ольги выйти замуж за графа Карнеева, которого она не любила и называла дураком? Познакомьтесь с возможными объяснениями и выберите из них то, которое кажется вам наиболее правильным. Ольга хотела выйти замуж за графа, потому что:

    ☐ она больше всего на свете боялась нищеты и не хотела возвращаться в лес к сумасшедшему отцу;

    ☐ она мечтала о другой жизни: ей всегда хотелось быть лучшей, быть в центре внимания. Брак по расчёту мог решить все её проблемы. Граф мог предоставить ей больше возможностей по сравнению с другими мужчинами, окружавшими её. На самом деле Ольга была тщеславной женщиной;

    ☐ она таким образом хотела помочь единственному мужчине, которого любила по-настоящему, — Сергею Петровичу.

    При объяснении вы можете использовать материалы повести и фильма.

17. Опишите последние часы жизни Ольги.

18. Кто убил Ольгу? Каковы мотивы этого убийства?

19. Как вы думаете: почему Ольга, умирая, не назвала имя человека, который её убил? Аргументируйте ваше мнение.

20. Какое слово было написано на венке, который положили на могилу Оленьки? Почему трое мужчин, по-своему любивших Ольгу, выбрали именно это слово?

21. Кто был осужден за убийство Ольги? Как вы оцениваете в этой ситуации поведение Сергея Петровича? Вашу оценку аргументируйте.

22. Выскажите вашу точку зрения: зачем на самом деле Сергей Петрович решил написать повесть и опубликовать её в газете? Ваше мнение аргументируйте.

Задание 9. а) Дайте подробную характеристику двух главных героев повести — Оленьки и Сергея Петровича. Дайте оценку их поступков. Расскажите, какие чувства вызвали у вас эти герои. Запишите ваши характеристики. Пользуйтесь материалами таблицы.

кто каков (какова)	<ul><li>неуравновешен (-а)</li><li>самолюбив (-а)</li><li>непосредствен (-а)</li><li>импульсивен (-вна)</li><li>вспыльчив (-а)</li><li>внутренне тревожен (-жна)</li><li>рассудителен (-льна)</li><li>влюбчив (-а)</li></ul>
кто какой человек	<ul><li>эмоционально напряжённый человек</li><li>эмоционально неустойчивый человек</li><li>тщеславный человек</li><li>завистливый человек</li><li>нервный человек</li><li>эмоциональный человек</li><li>слабохарактерный человек</li><li>легко возбудимый человек</li><li>беспокойный человек</li></ul>
кто склонен (-а; -ы) *к чему*	<ul><li>к подчинению людям</li><li>к проявлению необоснованных страхов</li><li>к романтическим увлечениям</li></ul>

Драма на охоте

*кто **отличается** чем* *кто **обладает** чем*	◆ прекрасной интуицией ◆ богатой фантазией ◆ превосходным эстетическим вкусом ◆ повышенной впечатлительностью ◆ незначительным внешним выражением чувств ◆ глубиной и устойчивостью чувств ◆ душевной тонкостью
*кто **нуждается** в чём* *кто **испытывает** потребность в чём*	◆ в комплиментах и поощрении ◆ в любви / во внимании / в обожании
*кто **предпочитает** делать что*	◆ скрывать своё внутреннее состояние ◆ скрывать свою личную жизнь от посторонних
*кому **свойственно** (ø; -а; -ы) что* *кому **присуще** (ø; -а; -и) что*	◆ открытость ◆ безвольность ◆ непостоянство ◆ неумение заранее планировать свои действия ◆ несерьёзность ◆ пассивность ◆ неспособность самостоятельно принимать решения ◆ неумение справляться с жизненными трудностями ◆ повышенная тревожность ◆ желание нравиться ◆ желание быть на виду ◆ умение скрывать свои чувства ◆ разумная осторожность ◆ постоянство ◆ уверенность в себе ◆ высокая самооценка ◆ отсутствие сомнений в себе

б) Перечитайте те характеристики, которые у вас получились. Однозначна ли ваша оценка Оленьки и Сергея Петровича? Используйте конструкции *с одной стороны, , но с другой стороны...*

Как можно объяснить невозможность дать однозначную оценку героям повести А.П. Чехова?

Задание 10. а) Объясните, как вы понимаете значение словосочетания *брак по расчёту*.

Выскажите ваше мнение: брак по расчёту — это плохо или хорошо? Что лучше: брак *по расчёту* или брак *по любви*? Аргументируйте вашу точку зрения, приведите примеры из своей жизни. Используйте информацию из повести «Драма на охоте» и фильма «Мой ласковый и нежный зверь».

б) Познакомьтесь с результатами опроса на тему «Какой брак лучше: по расчёту или по любви?».

Опрос дня: **брак по любви или по расчёту?**

Рано или поздно каждый задумывается о создании своей семьи. Но не всегда брак, о котором мы думаем, что он будет счастливее, чем у соседа, в действительности оказывается таковым. Не секрет, что многие пары, чтобы избежать ненужных конфликтов или просто поиметь выгоду от него, заключают именуемый в народе брак по расчёту. Сегодня наши корреспонденты попытались выяснить, какой же брак всё-таки надежнее: по любви или по расчёту.

Светлана, 41 год

По расчёту. У меня три брака было. Два, которые как раз по любви, не сложились. Вот такой личный опыт.

Андрей, 25 лет, предприниматель

Я думаю, по любви. Мне кажется, что в личных отношениях не может быть расчёта. Это уже фальшь, которая убивает брак.

Фатима, 22 года, студентка

По любви, конечно. Я знаю несколько семей, которые создавались по расчёту. Так вот они распались. Мне кажется, что это хороший наглядный пример.

Игорь, 40 лет

Мой брак — по любви. Я люблю свою жену и сына. Поэтому мне кажется, что создавать семью можно только по любви.

Алексей, 21 год, студент

По любви, наверное. Не всё в этом мире деньги, но и они нужны. Когда я буду жениться, думаю, что финансовая сторона будет играть свою роль.

Инна, 24 года, студентка

Сложный вопрос. Наверное, всё-таки по расчёту. Любовь приходит и уходит, а деньги, как правило, остаются. **С милым рай и в шалаше*** только тогда, когда шалаш на Мальдивах или Багамах.

Примечание

* **С милым рай и в шалаше** — русская пословица. *Шалаш* — временное сооружение из веток, которое можно использовать, например, чтобы летом провести ночь в лесу.

в) Точка зрения какого участника опроса вам ближе всего? С какой точкой зрения вы категорически не согласны? Аргументируйте свой ответ.

Ответьте на вопрос: изменилось ли ваше мнение (см. пункт **а**) после того, как вы познакомились с данными опроса? Аргументируйте свой ответ.

Задание 11. а) Прочитайте текст «Брак по расчёту. Так в чём же здесь расчёт?» Обращайте внимание на примечания, данные справа. Ответьте на вопрос: что автор текста понимает под *расчётом*? Каково отношение автора к расчёту в браке? Какие аргументы приводит автор?

БРАК ПО РАСЧЁТУ. ТАК В ЧЁМ ЖЕ ЗДЕСЬ РАСЧЁТ?

Мы что-то придумывали, изобретали... Радостные заботы и ожидание чего-то нового и счастливого... А теперь — через неделю должны прийти документы с решением суда по иску о разводе. И никто тогда не мог и предположить, что всё так закончится. Ведь какая любовь была, какие страсти...

Брак по любви — разве не то, о чём мы всегда мечтаем? Разве не такая семья сможет перенести все трудности жизни?.. Но, увы... Сегодня я попытаюсь вместе с вами порассуждать: а так ли «плох» брак по расчёту, как мы это часто себе представляем.

Скорее всего, **негативное отношение к бракам по расчёту** исходит из **однобокой трактовки** самого понятия «расчёт». Обычно понимание сводится только к материальному расчёту, когда один из супругов якобы выбрал другого, исходя из его **материального благополучия**. При этом подразумевается, что человека не интересовали другие качества будущего супруга, главное — что он/она **материально обеспечен/а**. На самом деле — это лишь один из вариантов так называемого расчёта.

Скажем, многие девушки, насмотревшись на неудачные браки своих подруг и знакомых, уже не **бросаются в омут с головой**, а всё-таки присматриваются к потенциальным «женихам» и ищут, например, хорошего отца своим будущим детям, уделяя особое внимание соответствующим качествам характера. Разве здесь нет расчёта? Есть, причём достаточно явный. Конечно, редко кто скажет напрямую: «Мне нужен потенциально хороший отец моим детям!», но при выборе всё это будет просчитываться — сознательно или нет.

А сколько мужчин открыто заявляют, что ищут хорошую хозяйку в качестве своей будущей жены... И разве ж это не расчёт? Ещё какой... Недаром существует народная мудрость: «Гуляй с красавицей, а женись на хозяйке».

Многие люди, будь то мужчины или женщины, при выборе партнёра **рассчитывают на** взаимное уважение, понимание. Именно — рассчитывают — и здесь нет ничего **зазорного**. Какая бы ни была страсть в начале отношений, вряд ли она будет гореть долго, если, например, любимый человек видит в тебе не более чем одно из «красивых украшений» среди коллекции дорогих вещей. А твои мысли, внутренние потенции, желание реализовать себя, его вовсе не

негати́вное отноше́ние *к кому / чему*
однобо́кая трако́вка — одностороннее понимание
материа́льное благополу́чие *кого*

кто материа́льно обеспе́чен

броса́ться в о́мут с голово́й *(идиома)* — действовать, поступать безрассудно, необдуманно

рассчи́тывать *на что* (на взаимное уважение, на понимание)
зазо́рный — неприличный

117

❧ Драма на охоте

интересуют. То же относится и к мужчинам, причём, возможно, ещё и в большей степени. Ведь достижения в какой-то из областей, сфер деятельности для них одно из самых важных завоеваний. И здесь им просто необходимо понимание, внимание, уважение к его усилиям и победам.

Расчёт в браке есть и встречается намного чаще, чем видится. Просто каждый, если, конечно, задумывается о возможном будущем с человеком, строит свой расчёт. Кто-то рассчитывает наконец-то перестать считать деньги при покупке чего-либо, кто-то — родить ребенка от более или менее здорового человека, кто-то не хочет больше видеть текущие краны в своём доме, а кто-то устал от череды сменяющих друг друга «чужих» людей и хочет элементарного человеческого тепла, понимания, сочувствия.

Да, долгое время считалось, что браки должны создаваться по любви, а расчёт — он так или иначе «даст трещину», поскольку людей ничего, кроме него, не удерживает рядом. Но, во-первых, каждый вправе решать сам, **на что он опирается при создании семьи — на одни лишь чувства** или все-таки **задействует разум**. Во-вторых, жизнь показывает и доказывает, что **браки по расчёту** (опять-таки — смотря по какому) не менее **продолжительны и крепки**, чем браки по любви. Тем более надо учитывать, что не всегда то, что люди при заключении брака считали любовью, таковым оказывалось после свадьбы. Недаром существует разделение на влюбленность, страсть, любовь. Но это уже совсем другая тема.

Конечно, жизнь намного сложнее, и заявлять категорично, что без расчёта ваш брак обречен, нельзя. Но не зря же говорят: любовь слепа. Особенно это проявляется в начале отношений, когда люди видят только положительные качества, да и сами стараются показать только лучшее. А недостатки

опира́ться при созда́нии семьи́
на что
заде́йствовать ра́зум

брак (кре́пкий, про́чный, продолжи́тельный)

либо не замечаются совсем, либо **отодвигаются на второй план**, как что-то незначительное. И потом начинаются знакомые всем истории: «ну куда же глаза мои смотрели?», «ну где же раньше я был/а?» и т. п. Я же считаю, что да, чувства никто не отменял, и это прекрасно, если они **взаимны**, но ведь согласитесь, в жизни так бывает нечасто... Самое интересное, что хватает случаев, когда любовь приходила к людям уже в браке. То есть изначально люди уважали друг друга, старались понять, **жили общими идеями, планами** и потом в один момент поняли, что вот оно — то самое «большое и светлое», к чему все стремятся, но не все могут создать. И пусть у них не было серенад под балконами, безумных признаний, мучительных ожиданий и страстей... Может, это все у них еще впереди — кто знает...

Евгения Пономарева
(По http://detskietovary.ru/arts.php?189)

отодвига́ть на второ́й план *что*

взаи́мное (-ые) чу́вство (-а)

жить о́бщими иде́ями, пла́нами

б) Выскажите ваше согласие или несогласие с точкой зрения автора. Аргументируйте ваш ответ. При ответе используйте лексику и конструкции из текста, особое внимание обратите на лексику и конструкции из правой колонки.

Задание 12. а) Познакомьтесь с ещё одной точкой зрения на брак по расчёту. Прочитайте текст, обращая внимание на комментарии, данные справа. Ответьте на вопрос: что автор этой статьи понимает под *расчётом*? Каково отношение автора статьи к бракам по расчёту? Как автор аргументирует свою точку зрения?

БРАК ПО РАСЧЁТУ

Как мало тебе нужно для счастья, правда? Всего лишь хочется встретить красивого, богатого (и что немаловажно — щедрого), умного, интересного, обаятельного, нежного, доброго, любящего мужчину, с хорошим чувством юмора, дорогой иномаркой в гараже, коттеджем на берегу моря и трехкомнатной квартирой в центре города. Это ведь такая ме-

◆ Драма на охоте

лочь! Конечно, твой нынешний парень тоже ничего, но вот зарабатывает он немного, да и квартиры нет, и вообще никакой перспективы!

Почему мы ищем богатого мужчину?

Ты конечно же помнишь сказки, которые мама читала тебе в детстве и которые ты сейчас читаешь своим детям. Нам рассказывали о Золушке, которая вышла замуж за БОГАТОГО принца, и **Иванушке-дурачке**, который взял в жены БОГАТУЮ царевну. То, что сейчас мы, взрослые, называем **корыстью, выгодой, расчётом**, было заложено в нас с детства. Вполне естественным желанием каждой девочки было встретить прекрасного принца.

Ива́нушка-дурачо́к — один из героев русских народных сказок
коры́сть
вы́года
расчёт

Когда проходят прекрасные годы юности и мы **сталкиваемся с элементарными бытовыми проблемами** (купить хлеб, стиральный порошок, оплатить коммунальные услуги), у нас появляется естественное желание быть уверенными в том, что мы сможем за всё это заплатить как в этом месяце, так и в следующем. Деньги дают нам **уверенность в завтрашнем дне**, дают нам свободу и независимость от многих вещей. Когда человека начинает «давить элементарный **быт**», от романтики не остается и следа. КАК С МИЛЫМ МОЖЕТ БЫТЬ РАЙ В ШАЛАШЕ, КОГДА ЗИМОЙ ЭТОТ ШАЛАШ НЕ БУДЕТ ОТАПЛИВАТЬСЯ?

ста́лкиваться *с чем* (с бытовыми проблемами)

уве́ренность *в чём*

быт — повседневная жизнь с её проблемами и заботами

Расчёт в отношениях — это естественная потребность, однако...

Когда брак по расчёту становится ошибкой?

Когда **ради материальной выгоды** ты готова **идти на уступки**, **ломать свои принципы** и свобода, данная деньгами, **перерастает в зависимость**, а ты начинаешь требовать от своего мужчины деньги так, словно он обязан купить тебе новую норковую шубу и оплатить двенадцатую за этот год поездку в Египет.

идти́ на усту́пки *кому ради чего*
лома́ть свои́ при́нципы
перераста́ть *во что* — превращаться *во что*

120

Понятное желание: мы все хотим жить хорошо и красиво. Но если ты готова жить с мужчиной, не испытывая к нему никаких чувств, кроме желания в очередной раз запустить руку в его кошелёк, рано или поздно ты об этом пожалеешь. Я не хочу пугать тебя фразой типа «Бог всё видит», но просто подумай о том, каково было бы тебе, если бы с тобой поступали так же, как ты поступаешь со своим «спонсором»? Истина, что за всё нужно платить, всё ещё актуальна.

Да, ты можешь **оправдывать себя** какими-то фактами своей жизни, но тогда я задам тебе другой вопрос: кто дал тебе право **жертвовать чувствами одного человека ради чувств другого**? Решать, конечно, тебе. Только вот на вопрос: «Останешься ли ты с ним, если он перестанет хорошо зарабатывать?», — я постоянно слышу ответ: «Нет, буду искать другого, богатого». Не пожелаю я ни одному мужчине такой жены. Да и ты бы себе не пожелала мужа, готового уйти от тебя, если ты вдруг останешься без работы, правда?

опра́вдывать *кого / что чем*

же́ртвовать чу́вствами *кого ради чего*

Что думают мужчины о браке по расчёту?

Станислав, 34 года

То, что женщины всё время смотрят на мой автомобиль и костюм, сразу же ставит большое препятствие для наших, так сказать, духовных отношений. Дамы привыкли смотреть на мой кошелёк так же, как я привык смотреть на их ножки. Это всё откладывает очень негативный отпечаток. Надоело мне уже быть спонсором. Но я плохо разбираюсь в людях и не всегда могу понять, что интересно женщине: я или мой кошелёк. К сожалению, второе выигрывает практически всегда. Я именно поэтому не женился. Не хочу быть банкоматом.

Владимир, 27 лет

Когда я завожу отношения с девушкой, мы конечно же начинаем ходить в рестораны, на дискотеки, в кино. Но понятно, что помимо при-

● Драма на охоте

ятных прогулок должно быть кое-что ещё. Секс обязывает меня ко многому. И в первую очередь я считаю себя обязанным платить за все наши развлечения. Я мужчина и должен заботиться о финансовой стороне наших отношений. И если я беру девушку в жёны, я должен обеспечивать свою семью сам. И если это будет холодный расчёт со стороны девушки, я узнаю об этом первым. Просто потому, что мой характер сложно вынести человеку, который не любит меня по-настоящему. Ни за какие деньги мира женщина, которая меня не любит, не сможет меня терпеть.

Юрий, 43 года

Утром — деньги, вечером — стулья. Всё здесь нормально. В плане спонсорства. Мне нужен секс, ей — мои деньги. Нормальная сделка. Другое дело, что в жёны я себе взял не молодую длинноногую девочку, а свою бывшую одноклассницу. Она была со мной всегда, даже когда у меня не было фирмы и двух коттеджей. Я в этом человеке уверен.

На самом деле, человек, который готов платить за то, чтобы с ним рядом находился кто-то или чтобы с ним занимались сексом, является **духовно неудовлетворённым**. Это значит, что в какой-то момент жизни, он не смог достичь какой-то цели без денег, но осуществил задуманное, когда смог заплатить. Человек не уверен в своих силах, но уверен в том, что сможет купить то, что не смог получить бесплатно. **За своим кошельком они прячут свои комплексы и страхи.** И многие из мужчин готовы быть спонсорами по той простой причине, что, наслаждаясь теми возможностями, которые дают им деньги, они **тешат своё самолюбие** и **поднимают свою самооценку**. Эта своеобразная виртуальная реальность, которая может закончиться в тот момент, когда фирма разорится, а имущество уйдёт «с молотка». Сейчас, та-

духо́вно неудовлетворённый (человек)

пря́тать свои́ ко́мплексы и стра́хи *за чем*

те́шить своё самолю́бие — «делать приятное» своему самолюбию
поднима́ть самооце́нку

кие случаи далеко не редкость. Что, кстати, говорит о том, что брак с богатым мужчиной (бизнесменом, например) не даёт тебе гарантии того, что ты будешь обеспечена на всю жизнь.

Когда хорошо «насиживаешь место» рядом с богатым женихом, брак по расчёту становится нормальной, естественной и даже неотвратимой вещью. В такие моменты совесть, бескорыстность и принципиальность, почему-то отправляются в долгосрочный отпуск. Но ещё ты **попадаешь в зависимость от чужих денег.** И очень тяжело будет **найти опору** для своих амбиций, если ты когда-нибудь этих денег лишишься. Если ты вышла замуж по расчёту, я искренне желаю тебе полюбить своего мужа и быть вам счастливыми независимо от его материального положения. А если никакой выгоды с твоего мужчины, кроме бесконечной взаимной любви, ты извлечь не можешь, опирайтесь друг на друга и стройте своё будущее и свой капитал вместе.

попада́ть в зави́симость *от кого / чего* (от чужих денег)

найти́ опо́ру *для чего* (для своих амбиций)

Надежда Рыбакова
(По www.women.lt)

б) Выскажите ваше согласие или несогласие с точкой зрения автора. Аргументируйте свой ответ. Используйте лексику и конструкции из текста, особое внимание обратите на лексику и конструкции из правой колонки.

Задание 13. Используя слова и грамматические конструкции текстов **заданий 10, 11**, проанализируйте поведение героев повести «Драма на охоте» (или фильма «Мой ласковый и нежный зверь»).

♦ Какой расчёт был у Оленьки, когда она вышла замуж за Петра Егоровича, а потом переехала жить к графу Карнееву?

♦ Какой расчёт был у Петра Егоровича, который женился на Оленьке, хотя хорошо знал, что Оленька его не любит?

♦ Какой расчёт был у графа Карнеева, который стал жить с Оленькой, к этому времени уже бывшей замужем за Петром Егоровичем?

♦ Чем закончились эти отношения по расчёту? Можно ли считать такой конец закономерным? Аргументируйте вашу точку зрения.

Задание 14. Разделите тетрадь пополам. В левую колонку запишите минусы брака по расчёту, в правую колонку — плюсы. Используйте материал текстов **заданий 10, 11**.

Сравните ваши записи с записями ваших товарищей. Разделитесь на две группы: 1) те, кто считает, что у брака по расчёту больше минусов, чем плюсов; 2) те, кто считает, что у брака по расчёту больше плюсов, чем минусов.

Проведите дискуссию. Цель спора — убедить ваших товарищей из другой группы в правильности вашей точки зрения. Используйте свои записи.

Задание 15. Напишите сочинение (письменное высказывание) — анализ фильма «Мой ласковый и нежный зверь». Используйте рекомендации, данные ниже. (Вы можете использовать эти рекомендации и для того, чтобы написать сочинение по повести «Драма на охоте», если не смогли посмотреть фильм.)

1. Опишите Оленьку:
   - выделите главные черты её характера;
   - объясните мотивы её поступков, предложите ваше объяснение её поведения (несчастное детство, отсутствие нормального воспитания, недостаток общения, особенности характера, другие причины);
   - скажите, что было главной ценностью в жизни для Оленьки; чем это можно объяснить;
   - подробно рассмотрите, как Оленька строила отношения с окружающими её людьми, на что она прежде всего обращала внимание при общении с людьми. Приведите примеры из фильма, чтобы подтвердить ваши слова;
   - скажите, чем закончились для Оленьки отношения по расчёту. Можно ли считать такой конец закономерным? Аргументируйте вашу точку зрения;
   - выскажите ваше мнение: были бы Оленька и Сергей Петрович счастливы, если бы они поженились? Аргументируйте вашу точку зрения.

2. Выскажите ваше мнение: кто мог бы помочь Оленьке? Рассмотрите возможные варианты и подробно их прокомментируйте, укажите их плюсы и минусы:
   - ☐ ей нужно общение с человеком, который старше её, с богатым жизненным опытом, возможно, ей нужна бабушка;
   - ☐ ей нужна любовь мужчины, который будет по-настоящему любить её и заботиться о ней;
   - ☐ ей нужна помощь профессионального психолога.

3. Опишите, какие чувства вы испытываете к Оленьке, посмотрев фильм:
   □ мне очень жаль эту девушку, ведь её вины в том, что всё так случилось, нет;
   □ я испытываю удовлетворение: всё случилось так, как всегда бывает в жизни. Оленька должна была понимать, к чему приведёт расчёт;
   □ мои чувства похожи на чувства Сергея Петровича, который писал (см. **задание 6**, фрагмент 4): «*Я чувствовал, какую потерю в лице её понесла природа, и мучительная злость на несправедливость судьбы, на порядок вещей наполняла мою душу...*»;
   □ моё отношение к Оленьке другое (какое?).

   Обязательно аргументируйте вашу точку зрения.

4. Опишите Сергея Петровича:
   ◆ выделите главные черты его характера;
   ◆ выскажите ваше мнение: любил ли он Оленьку на самом деле или его чувство к Оленьке нельзя назвать любовью? Аргументируйте вашу точку зрения;
   ◆ ответьте на вопрос: почему Сергей Петрович убил Оленьку?;
   ◆ выскажите ваше мнение: как можно объяснить желание Сергея Петровича написать и опубликовать повесть, в которой он рассказал обо всём, что случилось? Каковы были настоящие мотивы написания повести?;
   ◆ выскажите вашу точку зрения: может ли написание и опубликование повести помочь Сергею Петровичу преодолеть тяжёлые переживания, связанные с любовью к Оленьке и её убийством, а также с тем, что за это убийство был наказан невиновный человек? Нужна ли Сергею Петровичу помощь профессионального психолога? Ваше мнение аргументируйте.

5. Опишите Петра Егоровича Урбенина:
   ◆ выделите главные черты его характера;
   ◆ выскажите ваше мнение: любил ли он Оленьку на самом деле или его чувство к Оленьке было тяжёлой эмоциональной зависимостью? Аргументируйте вашу точку зрения;
   ◆ как вы считаете, почему Пётр Егорович женился на Оленьке, хотя хорошо знал, что она его не любит?;
   ◆ выскажите согласие или несогласие с утверждением, данным ниже.

◆ Драма на охоте

Пётр Егорович является духовно неудовлетворённым человеком. В определённый момент жизни он не смог достичь какой-то цели без денег, но осуществил задуманное, когда смог заплатить. Он не уверен в своих силах.

Обязательно аргументируйте вашу точку зрения.

6. Опишите ваши чувства после просмотра фильма:
   - □ фильм мне понравился, я бы посоветовал (-а) своим друзьям его посмотреть;
   - □ мне было тяжело: я увидел(-а) людей, которые могли быть счастливы, но у каждого из них в итоге жизнь оказалась сломанной, и трудно однозначно сказать, кто в этом виноват;
   - □ фильм мне не очень понравился. Это банальная история;
   - □ мне кажется, что фильм очень поучительный, его стоит показывать молодым девушкам, которые мечтают о богатом и щедром спонсоре с дорогой иномаркой в гараже, коттеджем на берегу моря и трёхкомнатной квартирой в центре города;
   - □ у меня другие чувства (какие?).

Подробно объясните, почему фильм вызвал у вас именно такие чувства.

Часть 6
ПОСЛЕСЛОВИЕ

Задание 1. а) Посмотрите внимательно на портрет русского писателя А.П. Чехова — автора рассказов и повестей, с которыми вы познакомились.

Опишите внешность писателя. Скажите, на какие детали внешности писателя вы обратили особое внимание. Почему?

б) Русский писатель Л.Н. Толстой говорил, что «*глаза — это зеркало души*». Какие глаза у А.П. Чехова? Предположите, каким человеком был А.П. Чехов.

Вы познакомились с произведениями А.П. Чехова, прочитали записи из его записной книжки. Опираясь на эту информацию, на ваши впечатления от портрета писателя, выскажите ваше мнение: каким человеком был А.П. Чехов? Предположите, каковы были главные черты его характера.

Антон Павлович Чехов
(1860–1904)

Задание 2. Прочитайте отрывки из воспоминаний людей, знавших А.П. Чехова. Обращайте внимание на примечания справа.
Ответьте на вопросы.

1. Как описывают внешность и характер А.П. Чехова люди, близко знавшие его?
2. Скажите, какая деталь внешности А.П. Чехова осталась в памяти большинства современников.
3. Как описывают глаза А.П. Чехова его современники?

***

Это был молодой человек выше среднего роста, стройный, с продолговатым, правильным и чистым лицом, обрамлённым тёмно-русой бородой. Его глаза **светились умом и приветливостью**. Общее впечатление от его наружности было в высшей степени приятное, располагающее к нему. *(М.Е. Плотов, учитель земской школы)*

свети́ться *чем* (умом и приветливостью)

***

Чехов был одним из самых душевных людей, которых я знал когда-либо. Я не скажу ничего нового, отметив, что в Чехове были видны большой ум и большая духовная сила, но, кроме того, в его внешности, в манере держать себя **сквозило** какое-то врождённое благородство. И мне казалось, что от Чехова не может укрыться ни малейшая **фальшь** и ему невозможно **солгать**. *(А.С. Лазарев-Грузинский, писатель)*

сквози́ть *в чём* — *здесь*: быть заметным *в чём*

фальшь — неискренность, обман
солга́ть *кому* — обмануть *кого*

***

...Я пишу эти строки и смотрю на фотографию А.П. Чехова, стоящую на моём письменном столе. Полвека прошло с тех пор, как она стоит перед моими глазами. Фотография не пожелтела, чернила не выцвели — время не смеет прикоснуться к изображению великого жизнелюба. Я оглядываюсь на прожитые восемьдесят два года, и передо мною, точно живой, стоит Антон Павлович — добрый, сердечный, обаятельный. *(Л.Н. Шаповалов, архитектор, строитель дачи А.П. Чехова в Ялте)*

***

Про внешность Чехова в ту пору правильно было сказано: «... несомненная интеллигентность лица, с чертами, напоминавшими простодушного деревенского парня, с чудесными улыбающимися глазами». Может быть, такое **выражение**, как «улыбающиеся глаза», покажется слишком **фигуральным**, но, кроме Чехова, я ни у кого не встречал таких глаз, которые производили бы впечатление именно улыбающихся. *(Н.Д. Телешов, писатель)*

фигура́льное выраже́ние — образное выражение

***

В его серых грустных глазах почти всегда мягко искрилась тонкая насмешка, но порою эти глаза становились холодны, остры и жёстки; в такие минуты его гибкий задушевный голос звучал твёрже, и тогда — мне казалось, что этот скромный, мягкий человек, если он найдёт нужным, может встать против враждебной ему силы крепко, твёрдо и не уступит ей. *(А.М. Горький, писатель)*

***

Когда Чехов рассказывал, глаза искрились смехом, улыбка была на губах, но в глубине его души, внутри, чувствовалась большая, сосредоточенная грусть *(В.В. Вересаев, писатель)*

***

Многие впоследствии говорили, что у Чехова были голубые глаза. Это ошибка, но ошибка до странного общая всем, знавшим его. Глаза у него были тёмные, почти карие. Благодаря **пенсне** и манере глядеть сквозь низ его стекол, несколько приподняв кверху голову, лицо А.П. часто казалось суровым. Но надо было видеть Чехова в иные минуты (увы, столь редкие в последние годы), когда им овладевало веселье и когда он, быстрым движением руки сбрасывая пенсне и покачиваясь взад и вперёд на кресле, **разражался** милым, искренним и глубоким **смехом**.

пенсне́ — очки без дужек

разража́ться сме́хом — начинать смеяться

⌐ Послесловие

Тогда глаза его становились полукруглыми и **лучистыми**, с добрыми морщинками у наружных углов, и весь он тогда напоминал тот юношеский известный портрет, где он изображён почти безбородым, с улыбающимся, **близоруким** и наивным взглядом несколько исподлобья. И вот — удивительно — каждый раз, когда я гляжу на этот снимок, я не могу отделаться от мысли, что у Чехова глаза были действительно голубые *(А.И. Куприн, писатель)*

лучи́стый — светящийся, из которого идут лучи света

близору́кий — человек, который плохо видит вблизи

***

Передо мною был молодой и ещё более моложавый на вид человек, несколько выше среднего роста, с продолговатым, правильным и чистым лицом, не утратившим ещё характерных юношеских очертаний. В этом лице было что-то своеобразное, что я не мог определить сразу и что впоследствии, по-моему, очень метко, определила моя жена, тоже познакомившаяся с Чеховым. По её мнению, в лице Чехова, несмотря на его несомненную интеллигентность, была какая-то складка, напоминавшая простодушного деревенского парня. И это было особенно привлекательно. Даже глаза Чехова, голубые, лучистые и глубокие, **светились** одновременно **мыслью** и какой-то, почти **детской**, **непосредственностью**. Простота всех движений, приёмов и речи была господствующей чертой во всей его фигуре, как и в его писаниях. Вообще, в это первое свидание Чехов произвёл на меня впечатление человека глубоко жизнерадостного. Казалось, из глаз его струится **неисчерпаемый источник** остроумия и непосредственного веселья, которым были переполнены его рассказы. И вместе угадывалось что-то более глубокое, чему ещё предстоит развернуться, и развернуться в хорошую сторону *(В.Г. Короленко, писатель)*

свети́ться мы́слью и де́тской непосре́дственностью

неисчерпа́емый исто́чник *чего* (остроумия, веселья) — бесконечный источник *чего*

*(Из **Серии литературных мемуаров. А.П. Чехов в воспоминаниях современников** // http://www.lib.ru)*

Задание 3. Прочитайте текст об А.П. Чехове. При чтении обращайте внимание на примечания и комментарии к выделенным словам в правой колонке.

АНТОН ПАВЛОВИЧ ЧЕХОВ

Что мы знаем о нём? Рост для XIX века высокий — 1 м 86 см. Голос — баритональный бас, что трудно предположить в мужчине, столь прозрачно и нежно писавшем. Родился за год до отмены крепостного права и, по сути, первый свободный человек в семействе Чеховых: дед — крепостной, отец — выкупленный из крепостных. За свою недолгую жизнь написал шесть пьес, множество повестей и рассказов. Романов не сочинял. Обеспечил многие поколения русских актеров, режиссёров и критиков работой, за что ему давно следовало бы поставить памятник.

Однако первые памятники Чехову, не считая **надгробия на Новодевичьем**, поставили в 1951 году в Ялте и в Мелихове, а в столице — только в конце 80-х. Так он и стоит, скромно притулившись в уголке рядом с рестораном «Академия» в Камергерском переулке. Но отплатить писателю по-хорошему следовало бы не только за литературные достижения.

надгро́бие — памятник на могиле
Новоде́вичье (кладбище) — кладбище в Москве

Все-таки очень странный был этот **доктор Чехов** и совсем неинтересный тип по меркам современного **пиара**. Коллеги по цеху заклеймили его слишком «нормальным», потому что не имел душевных и физических извращений. Бледнел, когда слышал фальшь и пафос в свой адрес. Не **чах** над деньгами и собственным здоровьем, хотя сам был **чахоточным**. Если взять всё, что он, один из мастеров слова, сделал для людей, **диву даёшься** масштабу дел одного скромного и очень больного господина.

до́ктор Че́хов — по профессии А.П. Чехов был врачом
пиа́р = PR (public relations)

ча́хнуть *над чем* — здесь: сильно переживать *из-за чего*
чахо́точный — больной **ча́хоткой** (туберкулёзом); **туберкулёз** — смертельное заболевание в начале 20-го века
ди́ву дава́ться = удивляться

Однажды к Чехову пришёл Бунин. Пили чай.

— Если бы у меня было много денег, я бы устроил санаторий для больных сельских учителей, — сказал Чехов.

131

На санаторий у Антона Павловича денег не хватило, но на свои деньги, доставашиеся ему исключительно литературным трудом, Чехов:

- открыл три школы в подмосковных деревнях, причём квартиры для учителей были просторными, в три комнаты;
- вложил деньги в строительство дороги в **Мелихово** и почты на станции Лопасня (будущий город Чехов);
- постоянно отсылал деньги в **Таганрог** на создание библиотеки и поддержку народного образования;
- все свои деньги после смерти брата Ивана завещал Таганрогу, на образование;
- сам нездоровый, принимал больных и в подмосковной усадьбе, и в Ялте, куда к Чехову-туберкулёзнику стекались больные туберкулёзом.

И, наконец, в 1890 году поступает как самоубийца. Он добровольно и на свои средства отправляется на **Сахалин** и там делает то, что обычно выполняет специальная команда, — переписывает всё население забытого богом острова и оставляет неоценимый для статистики России труд.

Он отправляется на **каторжный** остров сначала на поезде до Ярославля, в вагоне третьего класса в страшной давке. Затем плывет на пароходах. Шесть тысяч километров на лошадях — и снова на пароходе через Амур. «Я вставал каждый день в пять часов утра, ложился поздно... Я объездил все поселения, заходил во все избы и говорил с каждым. Мною уже записано около десяти тысяч человек... Другими словами, на Сахалине нет ни одного каторжного или поселенца, который не разговаривал бы со мной».

Он месит по дорогам грязь, **валенки набухают водой**, голодает как собака... А ведь накануне отъезда уже начинались **лёгочные кровотечения**. Вопрос лю-

Мéлихово — усадьба Чехова

Таганрóг — город на юге России, в котором родился А.П. Чехов

Сахалúн — остров на востоке Азии, куда в России ссылали преступников. Эти люди выполняли очень тяжёлую работу, их называли — **кáторжниками (кáторжными)**

вáленки — тёплая зимняя обувь
вáленки набухáют водóй = валенки становятся мокрыми и тяжёлыми от воды
лёгочные кровотечéния — кровь в легких (одно из проявлений туберкулеза)

бого здравомыслящего: **куда несёт нелёгкая** больного писателя? Останься он в Москве, может, продлил бы себе дни и не **скончался** бы в возрасте 44 лет вдали от родины?

(Марина Райкина «Кому он нужен, этот Чехов?», Московский комсомолец, 9. 07. 2004)

... Январь 2005 года. Московский театр. Дают пьесу Чехова «Чайка». Это пьеса о людях, у которых не получилась жизнь. Они очень хотели жить, любить, творить, быть счастливыми, но... каждый несчастлив. У каждого своё несчастье.

... Через два часа пьеса заканчивается. Люди в зале чего-то ждут, молчат, у многих в глазах слезы. Актеры, стоящие на сцене, тоже молчат, они взволнованны, у них тоже на глазах слёзы. Через несколько мгновений люди в зале начинают аплодировать.

Прошло 100 лет после смерти Антона Чехова, худого, тяжелобольного человека, с добрыми и грустными глазами, посвятившего всю свою короткую жизнь людям. Но и через сто лет, прочитав произведение Чехова, люди на мгновение останавливаются, на мгновение смотрят на жизнь по-другому. Глазами Чехова.

куда́ несёт нелёгкая (*идиома*) = непонятно, что заставляет его ехать туда

сконча́ться = умереть

Задание 4. Ответьте на вопросы, выполните задания.

1. Какова была внешность А.П. Чехова?
2. Когда и где родился А.П. Чехов?
3. Из какой семьи происходил А.П. Чехов?
4. Что написал за свою недолгую жизнь А.П. Чехов?
5. Где и когда поставили первый памятник А.П. Чехову?
6. Где и когда поставили памятник А.П. Чехову в Москве?
7. Почему автор называет А.П. Чехова *доктор Чехов*?
8. Почему автор называет А.П. Чехова странным и неинтересным по меркам современного пиара человеком?
9. Почему коллеги по цеху, то есть писатели, считали А.П. Чехова слишком «нормальным»?

❧ Послесловие

10. Откуда получал деньги А.П. Чехов? Каков был источник его дохода?
11. Что сделал на заработанные деньги А.П. Чехов?
12. Куда в 1890 году поехал А.П. Чехов? Расскажите об этом месте.
13. Какова была цель поездки?
14. Как проходила поездка А.П. Чехова? Опишите детали поездки.
15. Почему автор пишет, что А.П. Чехов поступил как *самоубийца*, поехав на Сахалин?
16. Сколько лет было А.П. Чехову, когда он умер?
17. От какой болезни умер А.П. Чехов?
18. Каково отношение к творчеству А.П. Чехова через 100 лет после его смерти?

Задание 5. Скажите, какие факты биографии А.П. Чехова произвели на вас наиболее сильное впечатление:

◆ что вас удивило;
◆ что вас заставило задуматься;
◆ что в биографии А.П. Чехова вызвало у вас симпатию / уважение к этому человеку;
◆ какие факты в биографии Чехова помогли вам лучше понять его произведения?

Задание 6. Как вы думаете, что значит «*смотреть на мир глазами Чехова*»? Ваше мнение аргументируйте, используйте материалы прочитанных вами рассказов и повестей А.П. Чехова.

Задание 7. а) Прочитайте фрагмент из книги К.С. Станиславского* «Моя жизнь в искусстве».

Чехов — **неисчерпаем**, потому что, несмотря на **обыденщину**, которую он как будто бы всегда изображает, он говорит всегда <...> не о случайном, не о частном, а о Человеческом с большой буквы.

неисчерпа́емый — не имеющий границ
обы́денщина — всё обыкновенное, не выходящее за пределы повседневности

---

* **Станисла́вский (Алексеев) Константин Сергеевич** (1863–1938) — русский актёр, режиссёр, педагог, теоретик театра. Станиславский является основоположником современной науки о театре, создателем школы, направления, представляющего собой новый этап в развитии сценического реализма (система Станиславского). К.С. Станиславский был одним из первых постановщиков пьес А.П. Чехова.

Вот почему и мечта его о будущей жизни на земле — не маленькая, не **мещанская**, не узкая, а, напротив, широкая, большая, идеальная, которая, вероятно, так и останется **несбыточной**, к которой надо стремиться, но осуществления которой нельзя достигнуть.

меща́нский — обывательский

несбы́точный — нереализуемый

Чеховские мечты о будущей жизни говорят о высокой культуре духа, о Мировой Душе, о том Человеке, которому нужны не «три **аршина** земли», а весь земной шар, о новой прекрасной жизни, для которой нам надо еще двести, триста, тысячу лет работать, трудиться в поте лица, страдать.

арши́н = 71,12 см

Все это из области вечного, к которому нельзя относиться без волнения.

б) Ответьте на вопросы.

1. Как вы понимаете слова К.С. Станиславского «Чехов — неисчерпаем»? Объясните, почему К.С. Станиславский так охарактеризовал творчество А.П. Чехова.

2. Что, по мнению К.С. Станиславского, является главной темой всех произведений А.П. Чехова? О чём писал и мечтал А.П. Чехов?

Задание 8. Вы познакомились с жизнью и творчеством великого русского писателя А.П. Чехова.

Напишите сочинение (письменное высказывание) на тему «Мой Чехов». Используйте следующий план:

а) расскажите о человеке А.П. Чехове:
- выделите основные свойства его характера; объясните, почему вы выделили именно эти свойства;
- дайте оценку этому человеку; аргументируйте свою оценку;
- скажите, что в биографии А.П. Чехова вызвало у вас симпатию / уважение к этому человеку;
- скажите, какие факты из биографии А.П. Чехова помогли вам лучше понять его произведения;

б) расскажите о творчестве А.П. Чехова:

- о чём писал А.П. Чехов, о чём он хотел рассказать людям, на что хотел обратить их внимание. При ответе используйте материалы рассказов и повестей А.П. Чехова, с которыми вы познакомились;
- расскажите о произведении А.П. Чехова, которое произвело на вас наиболее сильное впечатление. Объясните, почему это произведение произвело на вас такое впечатление;
- выскажите ваше согласие или несогласие с точкой зрения К.С. Станиславского, приведённой ниже. Аргументируйте вашу точку зрения.

Чехов — неисчерпаем, потому что, несмотря на обыденщину, которую он как будто бы всегда изображает, он говорит всегда <...> не о случайном, не о частном, а о Человеческом с большой буквы. <...>

Всё это из области вечного, к которому нельзя относиться без волнения.

в) Выскажите вашу точку зрения: нужно ли в XXI веке творчество А.П. Чехова? Из утверждений, данных ниже, выберите то, с которым вы согласны:

- ☐ нет, сейчас творчество А.П. Чехова не нужно, потому что если человек будет смотреть на жизнь глазами А.П.Чехова, он не сможет выжить в современном мире;
- ☐ да, очень нужно. Современная жизнь стала очень быстрой, жестокой, и мы часто просто забываем о том, для чего мы живём. На мой взгляд, надо смотреть на мир глазами А.П. Чехова, чтобы остаться человеком;
- ☐ у меня другое мнение (какое?).

Подробно аргументируйте ваше мнение. Используйте материалы рассказов и повестей А.П. Чехова, с которыми вы познакомились, а также уже написанные вами сочинения по произведениям писателя.